JN068752

Performance-Linked Remuneration System

業績連動・株式報酬制度を導入したい!

と思ったとき最初に読む本　第2版

あいわ税理士法人【編】

中央経済社

改訂にあたって

上場企業における役員報酬制度設計において，業績連動・株式報酬の導入が一段と加速しています。

本書第1版出版後，東京証券取引所は，2022年4月から「プライム市場」,「スタンダード市場」,「グロース市場」の3つの新しい市場区分に再編されました。

再編後の上位市場であるプライム市場では，より高いガバナンスが求められること，コロナ禍を契機とする環境変化の中でガバナンスの諸問題に企業がスピーディに対応する必要性から，2021年6月にコーポレートガバナンス・コードは，取締役会の機能発揮・企業の中核人材における多様性の確保・サステナビリティを巡る課題への取組みを中心に改訂が行われました。

役員報酬についても，2021年3月に施行された改正会社法では，取締役の報酬を決定する手続きの透明性を向上させ，また，株式会社が業績に連動した報酬をより適切かつ円滑に取締役に付与することができるように改正が行われました。

具体的には，上場会社の取締役会は，取締役の個人別の報酬に関する決定方針を定めなければならないこととされ，役員報酬におけるガバナンスの強化も求められるとともに，上場会社が取締役の報酬として株式の発行等をする場合には，金銭の払込み等を要しないこと（無償交付）を可能とする規定が設けられました。

第2版では，上記の会社法改正を受け，会社法改正による株式型報酬の会計処理への影響を【参考】として織り込んでいます。

無償交付を採用した場合，現物出資方式とは異なった会計処理になります。「取締役の報酬等として株式を無償交付する取引に関する取扱い（実務対応報告第41号)」では，無償交付により株式の発行等をする場合における会計処理を事前交付型と事後交付型に分けて示していることから，本書では，それぞれの会計処理について設例を交えて記載しています。無償交付を行う場合の参考にしてください。

インセンティブ報酬の比率を高め，経営者における適切なリスクテイクを可能とする役員報酬制度の構築は，上場企業において更に重要性が増していくと考えられます。

一方で，インセンティブ報酬が多様化する中，どのスキームを選択すべきか，その判断に迷うとの経営者の声も耳にします。

本書では，なぜ・何のためにインセンティブ報酬を導入するのか，その目的と効果を明確にし，その実現のために適した報酬スキームを提示するとともに，会計・税務・法務の取扱いまで記載し，あらゆる観点から総合的に理解できるものとなっています。

本書が，企業価値の向上に向けてインセンティブ報酬を導入する企業にとって，その判断の一助となれば幸いです。

最後に，第2版の発行にご尽力いただき，貴重なご意見をくださった中央経済社の牲川健志氏に心より感謝申し上げます。

令和5年4月

あいわ税理士法人　執筆者一同

経営者のみなさまへ（初版　序文）

お金と同じように株式を使える。
これが株式上場の大きなメリットです。

もちろん知名度や信用力が向上することで取引先が増えたり採用力がアップしたりというメリットもありますが，株式上場の仕組みを考えれば，株式を使って資金調達をしたり，株式そのものをお金代わりに使えることが，株式上場の本質的なメリットと言えるでしょう。

その代表的な使い方には，株式交換によるM&A（会社の買収代金をお金ではなく株式で支払う方法）とストック・オプション（SO）が挙げられます。特に，会社の業績が上がって自分の会社の株価が上がればそれに連動して自分の収入も増えるストック・オプションは，役職員のやる気を高めるためのインセンティブ制度として多くの上場会社で使われてきました。

ストック・オプションは一定の会社業績や勤続年数をその権利行使条件として設けることができ，株主からの理解を得やすいことも大幅に導入が進んだ理由の１つです。

その株式の使い道がここ数年で大きく広がってきています。
その代表例が「株式報酬制度」です。

役職員へのインセンティブ制度に，株式報酬制度を導入する上場会社は増えています。日本の上場会社の多くの経営者は自社株式を持たない（持っていてもごく少数の株式）いわゆるサラリーマン経営者です。以前から海外と比較して経営に株主目線が欠けていると言われ続けている中で，日本においてもコーポレートガバナンス・コード（CGコード）やスチュワードシップ・コード

(SSコード）が導入され，株主目線での報酬設計がいよいよ必須となってきました。

このような流れの中で会社法や税法，会計基準がここ数年急ピッチで整備されています。とくに役員への株式報酬が税務上も費用として認められ，2019年の会社法改正で株式の無償発行が認められるなど，法制面からも株式報酬制度の導入を大きく後押しする環境が整ってきました。

株式報酬制度は上場して間もないベンチャー企業に積極的に活用してほしいと思います。

経営資源面で大企業に劣るベンチャー企業では，役職員のやる気を高めその人材力を最大限に引き出すことは大きな経営課題です。株式報酬制度はその経営課題解決の一助になりうるものだと確信しています。

役職員１人ひとりの貢献が会社の成長につながり，それによって株価（時価総額）が上昇し，１人ひとりの報酬に跳ね返ってくる，株式報酬制度の導入によってそのようなサイクルを実現することが可能となります。大企業に比べて成長余地の圧倒的に大きいベンチャー企業でこそ株式報酬制度はその効果を発揮します。

本書は，株式報酬制度に加えて，以前から活用されている業績連動報酬もあわせて解説することで，報酬制度全体を俯瞰できる内容になっています。

第１章では，役員報酬をめぐる世界的な潮流を紹介し，コーポレートガバナンス・コードやスチュワードシップ・コードの導入によって日本の上場会社における役員報酬の制度改革が「待ったなし」である現況を大枠で理解できるようにわかりやすく解説しています。

第２章・第３章では，具体的なインセンティブ制度の仕組みを類型別に解説し，導入に際して経営者が考慮すべきポイントを簡潔にまとめることで制度選択に資する内容としています。

第４章では，会計・税務・法務面の取扱いについて，制度導入にあたって検討・留意すべきポイントを類型別に丁寧に解説しています。

忙しいベンチャー経営者のみなさまには第１章～第３章だけでも構いませんので読んでほしいと思います。

最後に本書の刊行にあたり，辛抱強く入稿を待っていただき，粘り強くご尽力いただいた中央経済社の牲川健志氏に心よりお礼申し上げます。牲川さん，ありがとう。

令和２年４月

あいわ税理士法人　執筆者一同

目　次　業績連動・株式報酬制度を導入したい！と思ったとき最初に読む本（第２版）

凡　例

主な法令等の略称は以下のとおり。

所法：所得税法
所令：所得税法施行令
所規：所得税法施行規則
所基通：所得税基本通達
法法：法人税法
法令：法人税法施行令
法規：法人税法施行規則
法基通：法人税基本通達
措法：租税特別措置法
措令：租税特別措置法施行令
措規：租税特別措置法施行規則
地税：地方税法
会社法：会社法
会規：会社法施行規則
金商法：金融商品取引法
役員賞与会計基準：役員賞与に関する会計基準
SO会計基準：ストック・オプション等に関する会計基準
SO適用指針：ストック・オプション等に関する会計基準の適用指針
自己株式減少会計基準：自己株式及び準備金の額の減少等に関する会計基準
有償SO実務対応報告：従業員等に対して権利確定条件付き有償新株予約権を付与する取引に関する取扱い
信託実務対応報告：従業員等に信託を通じて自社の株式を交付する取引に関する実務上の取扱い
複合金融商品適用指針：払込資本を増加させる可能性のある部分を含む複合金融商品に関する会計処理
インセンティブ報酬研究報告：インセンティブ報酬の会計処理に関する研究報告
導入の手引：「攻めの経営」を促す役員報酬～企業の持続的成長のためのインセンティブプラン導入の手引～
信託協会Q&A：役員向け株式交付信託の税務上の取扱いについて，信託協会が国税庁と協議して取りまとめたQ&A

主な略号は以下のとおり。

SO：ストック・オプション
RS：リストリクテッド・ストック
RSU：リストリクテッド・ストック・ユニット
PS：パフォーマンス・シェア
PSU：パフォーマンス・シェア・ユニット
SAR：ストック・アプリシエーション・ライト
CGコード：コーポレートガバナンス・コード
SSコード：スチュワードシップ・コード

第1章

上場会社を取り囲む状況

本章のポイント

わが国では政府主導でインセンティブ報酬制度の導入が促進されております。インセンティブ報酬制度は，コーポレートガバナンスを強化し，企業価値を向上させるための重要な手段として位置付けられています。

本章では，インセンティブ報酬制度を理解するための前提として，制度導入の背景を説明します。

また，コーポレートガバナンス強化の手段として策定されたCGコード及びSSコードについても解説することで，制度全体の理解を深める一助とします。

1　役員報酬改革の潮流

(1) 意　義

①　コーポレートガバナンスの強化

近年，成果に基づいて報酬を決定する，いわゆるインセンティブ報酬を導入する企業が増加しています。

従前は，インセンティブ報酬といえば賞与やSO（xii頁「凡例」参照）が中心でした。最近では，これに加えて株式そのものを報酬として付与するケースが増えてきています。代表的なものにRSやPSといったものがあり，この言葉を新聞や雑誌等で目にされた読者の方もいるかと思います。

こうした流れは，政府が2014年に成長戦略の主要施策として，「コーポレートガバナンスの強化」を掲げ，同年の日本版SSコードの策定及び2015年のCGコードの策定を機に，本格的に開始されることになりました。

両コードの策定は，日本企業の収益性向上と株式市場の活性化を目的としたものでした。

欧米に比べて日本企業の低収益性の１つの原因が，コーポレートガバナンスの脆弱性にあると考えられたため，政府よりコーポレートガバナンスの強化が掲げられることになりました。

コーポレートガバナンスの強化を目的として，CGコードが策定されましたが，そこでは，コーポレートガバナンスを「適法な経営が行われるための仕組み」から，「健全な企業家精神の発揮を促し，持続的な成長と中長期的な企業価値を向上させるための仕組み」へと規定し直しました。

すなわち，コーポレートガバナンスを「企業価値向上のためのリスクをとった経営を経営者に促し，成果に応じて報酬を増加させると同時に，経営プロセスの透明性と客観性を高め，投資家からもチェック可能な仕組み」と捉え直しました。これは，「守りのガバナンス」から「攻めのガバナンス」への変化と呼ばれています。

また投資家の規範であるSSコードが策定され，コードの要請から投資家が投資基準の明示や投資先企業との対話を行うようになったことで，日本企業が収益性向上を意識した経営を行うようになりました。

両コードの導入により収益性が向上すると，結果として株式市場への資金流入が促進されることになりますが，さらに海外投資家からの投資を促進するためには，わが国のコーポレートガバナンスを先進主要国と同水準のものにすることが求められます。そこでCGコードでは，独立社外取締役の導入，持ち合い株の見直し，女性の活躍促進，サスナビリティへの対応等のわが国では馴染みの薄かった制度についても企業に要請することになりました。

②　インセンティブ報酬の位置付け

コーポレートガバナンス強化の中で，役員報酬制度は「攻めのガバナンス」を実現するための重要な手段と位置付けられました。

従来型の役員報酬制度は，欧米に比べて報酬水準が低く，短期目線の固定報酬型が中心で，現金報酬の割合が多く株式報酬の割合が少ないものであり，中長期的な企業価値向上へのインセンティブが働きにくい面がありました。

そこで，役員の企業価値向上に向けたインセンティブが働くようにするために，中長期的な業績と連動する報酬割合を増加させ，現金報酬と自社株報酬の割合を適切に組み合わせた役員報酬設計とすることを促しています。また，自社株報酬を加えることは，役員と株主や投資家との利害共有を図り，同一目線での経営を行うことにもなります。

なお，制度変更の結果として報酬設計が多様化し，報酬金額も多額になる可能性が考えられます。そのため，報酬決定プロセスの透明性や客観性の確保が従来よりも強く求められることになり，それを担保する仕組み（情報開示の拡充や報酬委員会設置など）が必要となってきます。

●●●図表Ⅰ－1　役員報酬制度の方向制

従来型の役員報酬	見直し後の役員報酬
短期目線	中長期目線
固定報酬と単年度賞与中心	業績連動報酬の割合増加
現金報酬中心	株式報酬の割合増加
報酬決定は社長一任が多い	報酬委員会等の関与割合増加
開示情報は簡素	開示情報は決定方針，決定過程等の全プロセスまで拡充

役員向けのインセンティブ報酬は，後述するようにCGコードの要請もあり，東証本則上場企業を中心に進んでいますが，新興市場上場企業においても導入が進んでくると考えられます。

これは高い成長性を目指すことと株式報酬に代表されるインセンティブ報酬体系が整合的であり，企業価値向上の手段として自発的に取り組む企業が増加すると考えられるためです。

⑵　国際比較

主要先進国と日本企業の報酬ミックス（役員報酬の構成）の現状は，次のようになります。

●●●図表Ｉ－２　主要先進国CEO報酬比較（売上高１兆円以上企業）

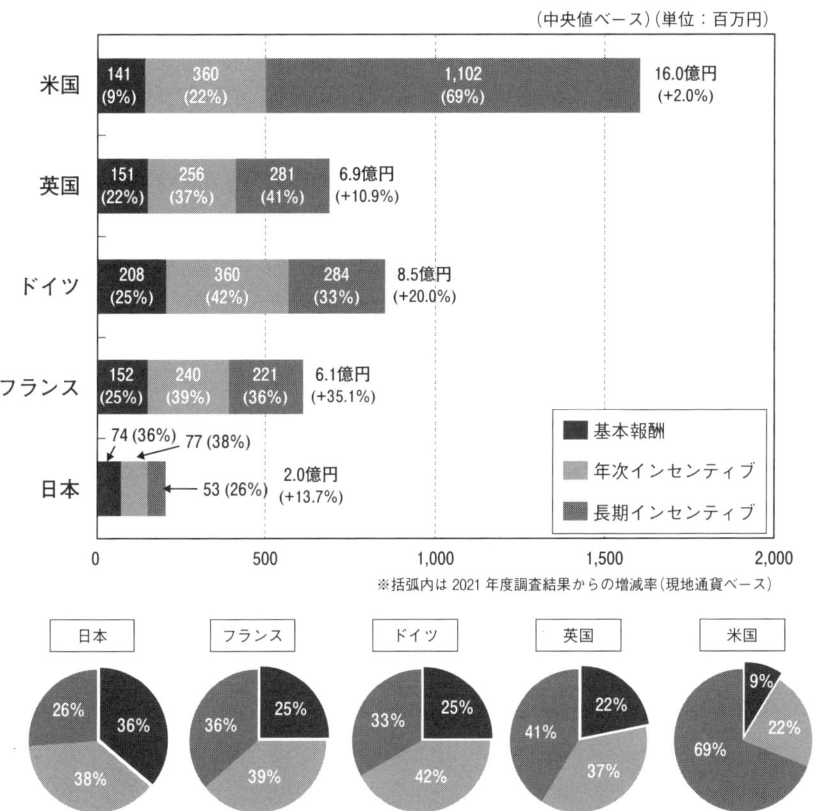

（出所）ウィルス・タワーズワトソン『2022年度　日米欧CEO報酬比較』

売上高１兆円以上の大企業で，CEOの報酬額は，アメリカ16.0億円，ドイツ8.5億円，イギリス6.9億円，フランス6.1億円，日本2.0億円となっており，日本企業のCEOの報酬額の低さが際立つと同時に，固定報酬の割合の高さと中長期インセンティブの割合の低さも目立ちます。

しかし，日本企業の報酬ミックスに変化が見られ，固定報酬の割合が減少し，インセンティブ報酬の割合は増加基調となっています。

これは，2015年にCGコードが策定され，その後，インセンティブ報酬の導入を促進すべく，政府主導による法制度面の環境整備を進めた結果であると考えられます。

(3) 制度整備状況

① 政府の施策

政府主導で法制度上の環境整備が進められた結果，インセンティブ報酬制度は広がりを見せていますが，ここで，その背景にあるコーポレートガバナンス強化の流れをまとめておきます。

2012年12月に第２次安倍内閣が発足し，デフレを克服し強い経済を作ることを目的にアベノミクスの３本の矢と言われる各種経済政策を打ち出しました。その中で，「大胆な金融政策」（第１の矢），「機動的な財政政策」（第２の矢）に続く第３の矢として掲げられたのが「民間投資を喚起する成長戦略」でした。

民間投資の活性化のためにはコーポレートガバナンスの強化と公的資金の運用のあり方を見直す必要があると考えられ，2013年６月に，この成長戦略を具体化した「日本再興戦略」において，コーポレートガバナンスの見直しと機関投資家の受託者責任の遂行が明記されました。

●●●図表Ⅰ－３　アベノミクスの３本の矢

第１の矢
大胆な
金融政策

第２の矢
機動的な
財政政策

第３の矢
民間投資を喚起する
成長戦略

『日本再興戦略』
コーポレートガバナンスの強化
SSコードの策定
CGコードの策定

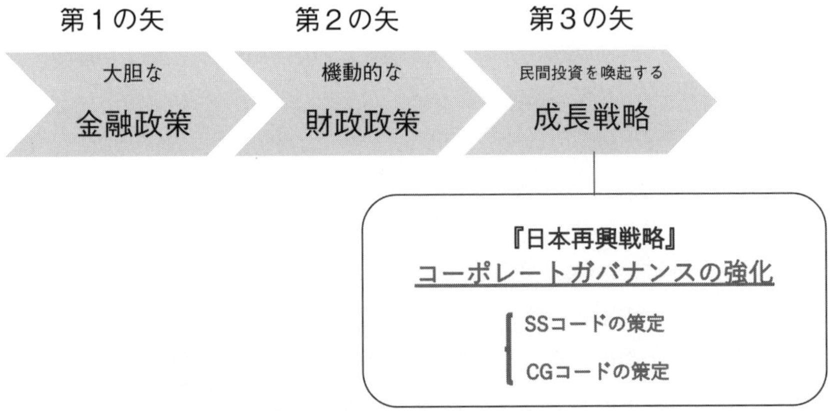

この「日本再興戦略」を受けて，2014年2月に金融庁が日本版SSコードを策定・公表しました。日本版SSコードは，機関投資家に対して，投資先企業との目的を持った建設的な対話を行うことにより，中長期リターンの拡大を図る責任を果たすことを求めています。

さらに，2014年6月に，改訂された日本再興戦略（「『日本再興戦略』改訂2014」）において，コーポレートガバナンス強化の具体策としてCGコードを策定することが明記されたことを受け，2015年6月に東京証券取引所がCGコードを策定・公表しました。

CGコードは，株主からの企業経営の受託者としての説明責任を経営者が果たすために必要となる経営体制上の諸原則を記載したものです。上場企業はこの原則を実施，報告することが求められ，実施しない場合にはその理由を説明し，報告することが義務付けられることになりました。

また，CGコードでは，役員の報酬が，持続的な成長と中長期的な企業価値の向上に向けたインセンティブとして機能するように，中長期的な業績と連動する報酬の割合や，現金報酬と自社株報酬との割合を適切に設定すべきであると規定されました。

2015年6月には，先述の「日本再興戦略」が改訂されました（「『日本再興戦略』改訂2015」）。この中でコーポレートガバナンス強化の施策の1つとして，中長期的に企業価値を向上させることを目的とした役員に対する株式報酬や業績連動報酬を活用する仕組み作りを行うことが明記されたことにより，インセンティブ報酬が広がっていきます。

そして，これを受ける形で，経済産業省・金融庁を中心にコーポレートガバナンスの深化に向けた具体案の公表やRSに代表される新たなインセンティブ報酬制度を導入するための法的整備が進められてきたのです。

②　法律面の整備状況

(イ)　税　法

インセンティブ報酬制度の導入を促進するために，税制面での手当ても行われました。

2016年度税制改正では，特定譲渡制限付株式（いわゆるRS）の損金算入が認められることになりました。2017年度税制改正では，RSを含む役員報酬制度全体の損金算入要件が整理，明確化されました。

(ロ)　会社法

コーポレートガバナンスに関して2014年６月に改正会社法が成立し，社外取締役の導入の実質的な義務化及び監査等委員会設置会社を新設するなどの強化が図られました。インセンティブ報酬に関しては会社法でも検討が続けられてきましたが，2019年12月に会社法改正案が成立し，2021年３月１日から施行されています。

2019年のインセンティブ報酬に係る会社法改正の内容は，役員報酬の決定方針・手続きの明確化，株式を用いた役員報酬スキームの拡大（出資不要の形式をとる株式報酬や行使価格０円のSOなど），事業報告における役員報酬に係る開示の拡充となります。

CGコードの内容に沿う形で，会社法が改正されることになります。

主要なコーポレートガバナンス強化とインセンティブ報酬に係る制度整備の流れをまとめると次のようになります。

●●●図表Ⅰ－4　インセンティブ報酬制度整備状況

時　期	所　管	項　目
2013年6月	内閣	「日本再興戦略」 コーポレートガバナンスの強化を明記
2014年2月	金融庁	日本版SSコード公表
2014年6月	法務省	改正会社法成立 社外取締役実質義務化と監査等委員会新設
2014年6月	内閣	「日本再興戦略 改訂2014」 CGコードの策定を明記
2015年6月	東京証券取引所	CGコード適用開始
2015年6月	内閣	「日本再興戦略 改訂2015」 インセンティブ報酬の仕組み作りを明記
2015年7月	経済産業省	「コーポレートガバナンスの実践～企業価値向上に向けたインセンティブと改革～」公表
2016年4月	国税庁	平成28年度税制改正 特定譲渡制限株式（RS）の損金算入
2016年4月	経済産業省	「攻めの経営を促す役員報酬～新たな株式報酬（いわゆるRS）の導入等の手引き～」公表
2017年4月	国税庁	平成29年度税制改正 役員報酬制度全体の損金算入要件の整理
2017年5月	金融庁	SSコード（改訂版）公表
2018年6月	金融庁	投資家と企業の対話ガイドライン公表
2018年6月	東京証券取引所	CGコード（改訂版）適用開始
2019年1月	金融庁	企業内容等の開示に関する内閣府令改正 有価証券報告書における役員報酬の開示拡充
2019年12月	法務省	改正会社法成立 役員報酬決定方針作成や株式報酬スキームの拡大等 ⇒2021年3月1日より施行

2　CGコードの詳細

(1)　意　義

CGコードは,「『日本再興戦略』改訂2014」に基づき，わが国の成長戦略の一環として策定されたものです。

そもそもコードとは「原則」を意味し，CGコードとは，実効的なコーポレートガバナンスの実現に資する主要な原則を取りまとめたものであり，各企業がこれらの原則を実践することで，持続的な成長と中長期的な企業価値の向上を図ることを目的としたものです。

①　CGコードの構成

CGコードは，基本原則５項目，原則31項目，補充原則47項目から構成されています。基本原則は基本的な考え方を，原則は基本原則を詳細にしたもの，補充原則は原則を補足するために追加されたものとなります。

基本原則５項目は次のとおりです。このうち，インセンティブ報酬に関係する部分は，主に基本原則４【取締役会等の責務】関連箇所になります。インセンティブ報酬関連の規定については(2)で後述いたします。

第１章　株主の権利・平等性の確保 【基本原則】 上場会社は株主の権利が実質的に確保されるよう適切な対応を行うとともに，株主がその権利を適切に行使することができる環境の整備を行うべきである。 また，上場会社は，株主の実質的な平等性を確保すべきである。 少数株主や外国人株主については，株主の権利の実質的な確保，権利行使に係る環境や実質的な平等性の確保に課題や懸念が生じやすい面があることから，十分に配慮を行うべきである。
第２章　株主以外のステークホルダーとの適切な協働 【基本原則】 上場会社は，会社の持続的な成長と中長期的な企業価値の創出は，従業員，顧

客，取引先，債権者，地域社会をはじめとする様々なステークホルダーによるリソースの提供や貢献の結果であることを十分に認識し，これらのステークホルダーとの適切な協働に努めるべきである。

取締役会・経営陣は，これらのステークホルダーの権利・立場や健全な事業活動倫理を尊重する企業文化・風土の醸成に向けてリーダーシップを発揮すべきである。

第3章　適切な情報開示と透明性の確保

【基本原則】

上場会社は，会社の財政状態・経営成績等の財務情報や，経営戦略・経営課題，リスクやガバナンスに係る情報等の非財務について，法令に基づく開示以外の情報提供にも主体的に取り組むべきである。

その際，取締役会は，開示・提供される情報が株主との間で建設的な対話を行う上での基盤となることも踏まえ，そうした情報（とりわけ非財務情報）が，正確で利用者にとって分かりやすく，情報として有用性の高いものとなるようにすべきである。

第4章　取締役会等の責務

【基本原則】

上場会社の取締役会は，株主に対する受託者責任・説明責任を踏まえ，会社の持続的成長と中長期的な企業価値の向上を促し，収益力・資本効率等の改善を図るべく，

(1) 企業戦略等の大きな方向性を示すこと
(2) 経営陣幹部による適切なリスクテイクを支える環境整備を行うこと
(3) 独立した客観的な立場から，経営陣（執行役及びいわゆる執行役員を含む）・取締役に対する実効性の監督を行うこと

をはじめとする役割・責務を適切に果たすべきである。

こうした役割・責務は，監査役会設置会社（その役割・責務の一部は監査役及び監査役会が担うこととなる），指名委員会等設置会社，監査等委員会設置会社など，いずれの機関設計を採用する場合にも，等しく適切に果たされるべきである。

第5章　株主との対話

【基本原則】

上場会社は，その持続的な成長と中長期的な企業価値の向上に資するため，株主総会の場以外においても，株主との間で建設的な対話を行うべきである。

経営陣幹部・取締役（社外取締役を含む）は，こうした対話を通じて株主の声に耳を傾け，その関心・懸念に正当な関心を払うとともに，自らの経営方針を株主に分かりやすい形で明確に説明しその理解を得る努力を行い，株主を含むステークホルダーの立場に関するバランスのとれた理解と，そうした理解を踏まえた適切な対応に努めるべきである。

各章のポイントは次のようになります。

▶　第１章　株主の権利・平等性の確保

企業が株主利益の最大化を図り，個人投資家，外国人投資家を含めた株主の権利を尊重することを求めています。

▶　第２章　株主以外のステークホルダーとの適切な協働

従業員，取引先，地域社会等のステークホルダーと適切な協働に努めることを求めています。ESG（環境，社会，統治）問題への対応も視野に含まれています。

▶　第３章　適切な情報開示と透明性の確保

財務情報のみならず非財務情報（経営戦略，リスク，ガバナンス等）の提供を積極的に行うことを求めています。投資家が，経営内容を正確に把握し，企業との建設的な対話が可能となることを目的としたものです。

▶　第４章　取締役会等の責務

会社の中長期的な企業価値向上や収益性の改善のための果敢な意思決定や土壌を整えることを促すと同時に，実効性の高い監督を行うことを求めています。

▶　第５章　株主との対話

会社に株主とのコミュニケーションを促し，資本提供者の意見を参照することにより，持続的な企業成長の機会とすることを求めています。

②　原則主義（プリンシプルベース・アプローチ）

「原則主義」は対応方法が細かく規定されておらず，原則のみを示し，適用の仕方は各企業が状況に応じて柔軟に対応するものです。

一方，「細則主義（ルールベース・アプローチ）」は，各企業が取るべき行動について詳細に規定するものをいいます。

CGコードは，各企業に自律的な対応を促す目的で「原則主義」を採用しています。

③　コンプライ・オア・エクスプレイン

CGコードは，法令とは異なり法的拘束力を有する規範ではありません。そのため，「コンプライ・オア・エクスプレイン」（原則を実施するか，実施しない場合には，その理由を説明するか）の手法を採用しています。

CGコードの各原則（基本原則，原則，補充原則）の中に，会社の個別事情に照らして実施することが適切でないと考える原則については，それを「実施しない理由」を説明することにより，一部の原則を実施しないことができます。「実施しない理由」は，後述するコーポレートガバナンス報告書に記載して開示します。

(2)　インセンティブ報酬関連の規定

①　株式報酬の導入と報酬決定方針の策定

原則4-2．取締役会の役割・責務(2)抜粋
経営陣の報酬については，中長期的な会社の業績や潜在的リスクを反映させ，健全な企業家精神の発揮に資するようなインセンティブ付けを行うべきである。
補充原則4-2①
取締役会は，経営陣の報酬が持続的な成長に向けた健全なインセンティブとして機能するよう，客観性・透明性ある手続に従い，報酬制度を設計し，具体的な報酬額を決定すべきである。その際，中長期的な業績と連動する報酬の割合や，現金報酬と自社株報酬との割合を適切に設定すべきである。

会社法では，無償での株式発行や労務出資が認められていないことから，役員に対して株式を直接報酬として付与することはできないと解されていました。しかし，当該規定を受け，経済産業省が2015年7月「コーポレートガバナンスの実践～企業価値向上に向けたインセンティブと改革～」の中で，現物株式を実質無償で付与することを可能とする会社法の解釈指針を公表したことによっ

て，株式報酬の導入が進むこととなりました。

また一方，当該規定では，役員報酬の決定についてよく見られた「代表取締役に一任」という曖昧な決定方法ではなく，客観性・透明性ある手続きのもと，役員報酬の決定方針を策定し，根拠をもった役員報酬の算出方法について説明することを求めています。

② 任意の報酬委員会設置の検討

原則 4-10. 任意の仕組みの活用
上場会社は，会社法が定める会社の機関設計のうち会社の特性に応じて最も適切な形態を採用するに当たり，必要に応じて任意の仕組みを活用することにより，統治機能の更なる充実を図るべきである。
補充原則 4-10①
上場会社が監査役会設置会社または監査等委員会設置会社であって，独立社外取締役が取締役会の過半数に達していない場合には，経営陣幹部・取締役の指名（後継者計画を含む）・報酬などに係る取締役会の機能の独立性・客観性と説明責任を強化するため，取締役会の下に独立社外取締役を主要な構成員とする独立した指名委員会・報酬委員会を設置することにより，指名や報酬などの特に重要な事項に関する検討に当たり，ジェンダー等の多様性やスキルの観点を含め，これらの委員会の適切な関与・助言を得るべきである。 特に，プライム市場上場会社は，各委員会の構成員の過半数を独立社外取締役とすることを基本とし，その委員会構成の独立性に関する考え方・権限・役割等を開示すべきである。

指名委員会等設置会社では，指名委員会及び報酬委員会が法定の機関となっていますが，監査役会設置会社や監査等委員会設置会社では指名委員会及び報酬委員会は法定の機関とはなっていません。

このため，報酬決定の客観性・透明性の確保の観点から，任意の諮問機関として報酬委員会を設置することが求められています。また，報酬委員会の実効性を担保するために，取締役会を監督する立場である独立社外取締役を主要メンバーとすることも求められています。

任意の諮問機関としての報酬委員会の設置は，2018年のCGコード改訂により原則化され，2019年度税制改正においても業績連動給与における損金算入要件の１つとされているなど，今後，設置に向けての流れが強まってくるものと考えられます。ここで，2022年８月現在の東証上場企業の報酬委員会設置状況を示すことにします。

●●●図表Ⅰ－５　東証上場企業の報酬委員会設置状況（2022年８月）

集計対象	社数	報酬委員会（法定・任意）	
		会社数	比率
プライム市場	1,837	1,571	85.5%
スタンダード市場	1,456	558	38.3%
グロース市場	477	134	28.1%
全上場会社	3,770	2,263	60.0%

（出所）東証上場会社における独立社外取締役の選任状況及び指名委員会・報酬委員会の設置状況　2022年８月３日を一部加工

プライム市場では報酬委員会が85.5％の導入比率となっています。一方，新興市場であるグロース市場は28.1％と依然として低い割合となっています。

この理由として考えられるところについては⑶で後述いたします。

③　開　示

原則３-１．情報開示の充実 抜粋
上場会社は，法令に基づく開示を適切に行うことに加え，会社の意思決定の透明性・公正性を確保し，実効的なコーポレートガバナンスを実現するとの観点から，（本コードの各原則において開示を求めている事項のほか，）以下の事項について開示し，主体的な情報発信を行うべきである。 ⅲ 取締役会が経営陣幹部・取締役の報酬を決定するに当たっての方針と手続
補充原則３-１①
上記の情報の開示（法令に基づく開示を含む）に当たって，取締役会は，ひな型的な記述や具体性を欠く記述を避け，利用者にとって付加価値の高い記載となるようにすべきである。

この規定を受けて，2019年１月に「企業内容等の開示に関する内閣府令」が改正され，有価証券報告書における役員報酬の開示が拡充されました。

また，改正会社法でも，事業報告における役員報酬の開示が拡充されることになっています。

⑶　対象企業とコーポレートガバナンス報告書の提出

CGコードの適用対象会社は外国会社を除く全ての上場会社（プライム，スタンダード，グロース）であり，東京証券取引所へ「コーポレートガバナンスに関する報告書」を提出することが義務付けられています。

CGコードの各原則のうち，実施しないものがある場合，理由を説明（エクスプレイン）することが求められていますが，上場市場によって，理由説明を求められる原則の範囲が異なっています。

プライム市場及びスタンダード市場の上場会社は「基本原則，原則，補充原則」について，グロース市場の上場会社は説明義務が緩和され「基本原則」についてのみ，適用しない場合の理由説明が求められます。

市場区分における「エクスプレイン」が必要となる範囲	
プライム市場，スタンダード市場	基本原則，原則，補充原則
グロース市場	基本原則

前記⑵②「任意の報酬委員会設置の検討」は，CGコードの原則と補充原則で求められており，グロース市場の上場会社は当該原則を実施しなくても説明義務がないため，報酬委員会導入割合がプライム市場及びスタンダード市場に比べて低い一因と考えられます。

3　SSコードの詳細

(1)　意　義

SSコードは，投資家の行動規範です。

スチュワード（Steward）とは執事，財産管理人という意味であり，ここでのスチュワードシップとは，機関投資家は資金を提供してくれた顧客の執事，財産管理人として投資先の経営を適切に監督し持続的成長を促進することで，顧客財産の最大化のために行動する責任のことをいいます。

これは，もともとイギリスで2010年に規定されたものです。その趣旨は，金融機関の投資先企業のガバナンスチェックが不十分であったことが，リーマン・ショックによる金融危機を深刻化させたとの反省から，顧客が安心して資産を預けられるようにするための機関投資家の行動規範を示し，株式市場の再活性化を意図したものです。

日本では，イギリス版を参考とし，株式市場へ一層の資金が流入することを目的に，2014年２月に日本版SSコード（「『責任ある機関投資家』の諸原則」）が「日本再興戦略」に基づき策定されました。

日本版SSコードは，機関投資家に対して，顧客・受益者の中長期的なリターンの拡大を図るために，投資先企業との対話を通じて，企業価値向上につながる影響力を発揮させることを目的としています。

①　SSコードの構成

SSコードは，７つの原則とこれを補完する30の指針からなります。７つの原則は以下のとおりです。

原則１	機関投資家は，スチュワードシップ責任を果たすための明確な方針を策定し，これを公表すべきである。

原則2	機関投資家は，スチュワードシップ責任を果たす上で管理すべき利益相反について，明確な方針を策定し，これを公表すべきである。
原則3	機関投資家は，投資先企業の持続的成長に向けてスチュワードシップ責任を適切に果たすため，当該企業の状況を的確に把握すべきである。
原則4	機関投資家は，投資先企業との建設的な「目的を持った対話」を通じて，投資先企業と認識の共有を図るとともに，問題の改善に努めるべきである。
原則5	機関投資家は，議決権の行使と行使結果の公表について明確な方針を持つとともに，議決権行使の方針については，単に形式的な判断基準にとどまるのではなく，投資先企業の持続的成長に資するものとなるよう工夫すべきである。
原則6	機関投資家は，議決権の行使も含め，スチュワードシップ責任をどのように果たしているのかについて，原則として，顧客・受益者に対して定期的に報告を行うべきである。
原則7	機関投資家は，投資先企業の持続的成長に資するよう，投資先企業やその事業環境等に関する深い理解に基づき，当該企業との対話やスチュワードシップ活動に伴う判断を適切に行うための実力を備えるべきである。

SSコードは機関投資家に向けられた規範であり，法令とは異なり法的拘束力はなく，経営の細部に介入することを意図している訳ではありません。また，CGコード同様に「コンプライ・オア・エクスプレイン」（原則を実施するか，実施しない場合には，その理由を説明するか）の手法を採用しています。

SSコードは，機関投資家向けの規範ではある一方，投資先企業においても，このコードを理解した上で，機関投資家との対話や議決権行使への対応を行っていくことが重要であると考えます。

②　機関投資家の受入状況

金融庁によると，2022年10月31日時点で，SSコードの受入れを表明した機関投資家は，信託銀行，生保・損保，投資信託，企業年金等を中心に322社となっており，主要な機関投資家は受入れを行っている状況です。

SSコードを受け入れた機関投資家は，受入れ表明とスチュワードシップを果たすための取組み方針を自社ウェブサイトで開示することが求められます。株主総会における議決権行使の方針も含まれており，議決権行使の結果を議案の主な種類ごとに整理，集計して公表すること，及び各企業の議案ごとに個別開示することも求められています。

(2) CGコードとの関係

投資家の規範たるSSコードと上場企業の規範たるCGコードの両者が，適切に相まって，質の高いコーポレートガバナンスが実現され，企業の持続的な成長と顧客・受益者の中長期的な投資リターンの確保が図られるといった好循環が生じ，株式市場が活性化するとともに経済成長につながることを期待されています。

2つのコードは，企業の持続的な成長と中長期的な企業価値の向上に向けて「車の両輪」のように機能する関係といえます。

●●●図表Ⅰ－6　2つのコードの関係図

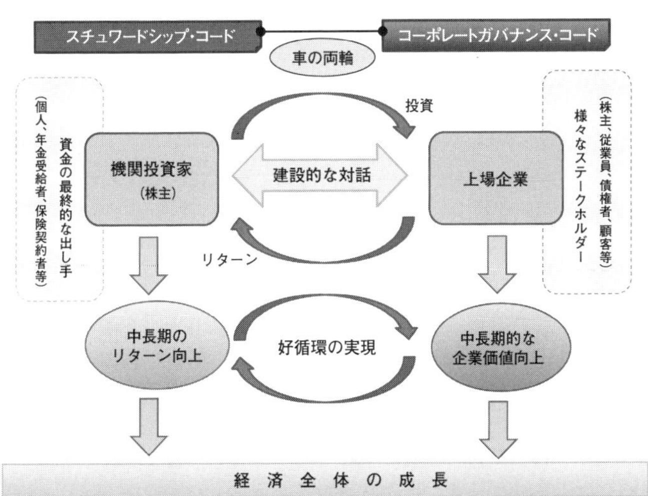

（出所）金融庁 スチュワードシップ・コード及びコーポレートガバナンス・コードのフォローアップ会議（第1回）資料（2015年9月24日）

(3) インセンティブ報酬との関係

インセンティブ報酬との関係では，役員報酬改訂の株主総会議案に対して，機関投資家は，SSコードに則り，企業価値向上につながる役員報酬制度が構築されることになるかという観点から，議決権行使を行うことになります。

その際には，希薄化率（発行済み株式総数の5～10％以内か等），付与対象者（社外役員の有無），交付時期（一定期間以上経過後等），業績条件等を材料に判断が行われます。

ここで，機関投資家の議決権行使に際して多大な影響力を有している議決権行使助言会社の大手ISSの「2022年版日本向け議決権行使助言基準」（2022年2月1日施行）のうち，役員報酬関連のものについて以下に紹介します。

●●●図表Ⅰ－7　ISS　役員報酬関連議決権行使助言基準

項　目	議決権行使助言基準
役員賞与	下記に該当する場合を除き，原則として賛成を推奨する。 ▸株価の極端な下落や業績の大幅な悪化など経営の失敗が明らかな場合や，株主の利益に反する行為に責任があると判断される者が対象者に含まれる場合
SO／株式報酬型SO（1円SO）及び株式報酬（RS等）	【SO】 下記のいずれかに該当する場合を除き，原則として賛成を推奨する。 ▸提案されているSOと発行済SO残高を合計した希薄化率が，成熟企業で5％，成長企業で10％を超える場合 ▸対象者に株主価値の増大に寄与すると期待できない取引先や社外協力者など，社外の第三者が含まれる場合 ▸役員報酬枠として承認を求める議案で，新株予約権の価額のみが記載され，新株予約権の目的である株式の上限が開示されない場合 【報酬型SO（1円SO）及び株式報酬（RS等）】 上記に加え，下記に該当する場合を除き，原則として賛成を推奨する。

	▸行使条件として，一定の業績を達成することが条件となっていない場合（ただし行使条件として，付与から３年間未満は行使が禁止されている場合，あるいは退職前の行使が禁止されている場合は，業績条件がなくとも例外的に反対を推奨しない）
取締役報酬枠の増加	■下記のいずれかに該当する場合は，原則として賛成を推奨する。 ▸増加の具体的な理由が説明されている ▸業績連動報酬の導入や増加を目的とする ■下記のいずれかに該当する場合は，株価パフォーマンスや資本の効率性を考慮し，個別判断する。 ▸固定報酬の増加を目的とする ▸業績連動報酬の導入や増加を目的とするかどうかが不明である ■原則として，株価の極端な下落や業績の大幅な悪化など経営の失敗が明らかな場合や，株主の利益に反する行為があると判断される場合は，反対を推奨する。

また，機関投資家の議決権行使の一例として，三井住友信託銀行のケースを以下で紹介します。

まず，役員報酬関連の株主総会議案に対する議決権行使ポリシーは，「企業業績や株主に対する利益配分と整合性があり，また，インセンティブとしての効果等の観点から適正な水準・内容であることを求める」とされています。

次に，2021年７月～2022年６月株主総会における役員報酬に関連する株主総会議案への議決権行使で反対票を投じた主な理由として「株式報酬の付与対象者に社外取締役等が含まれている場合，希薄化割合が一定以上である場合，割当日等から短期間で株式売却が可能な場合」が挙げられています（具体的な議決権行使の状況は次頁の図表Ⅰ－８のとおり）。

●●●図表Ⅰ－8　三井住友信託銀行の役員報酬議案に関する議決権行使の状況

役員報酬議案	賛成	反対	合計	反対割合
2021年7月～2022年6月	916	171	1,087	15.7%

（注）役員報酬に関する議案は，役員報酬額改訂，ストック・オプションの発行，業績連動型報酬制度の導入・改訂，役員賞与等からなります。

（出所）三井住友信託HP　スチュワードシップ活動　国内議決権行使結果（https://www.smtam.jp/company/policy/voting/result/）

第2章

迅速理解・インセンティブ報酬

本章のポイント

本書のタイトルの「業績連動・株式報酬制度」は，一般的に，中長期インセンティブ報酬（本書では，特に断りのない限り「インセンティブ報酬」と表記します。）として位置付けられます。

インセンティブ報酬は，企業価値向上のツールであり，経営戦略の一環として株主から理解される制度設計が必要です。

本章では，インセンティブ報酬の概要及び類型，その導入の目的・効果等について基礎的理解を深めることに主眼を置き，「経営者としてこれだけは知っておきたい」というエッセンスを中心に解説を行っています。

1　基礎的理解

(1)　そもそもインセンティブ報酬とは何か？

インセンティブ報酬とは，一般的には，「短期（単年度）の業績，又は，複数年にわたる中長期の業績や株価に連動して支給される報酬」を指します。本書では，特に断りのない限り中長期インセンティブ報酬を「インセンティブ報酬」と表記します。

具体的には，日本で以前から馴染みのある代表的なインセンティブ報酬として，例えば，通常型SO《ストック・オプション》（税制適格SO），株式報酬型SO（1円SO）や株式交付信託（ESOP《イソップ》）が挙げられます。この他，役職員に自社の株式を交付するタイプのインセンティブ報酬（株式型報酬）として，RS（リストリクテッド・ストック／譲渡制限付株式），RSU（リストリクテッド・ストック・ユニット），PS（パフォーマンス・シェア）及びPSU（パフォーマンス・シェア・ユニット）が挙げられます。

また，株式の交付に代えて金銭を支給するタイプのインセンティブ報酬（金銭型報酬）としては，パフォーマンス・キャッシュ（中長期業績連動による金銭賞与），ファントム・ストック及びSAR（ストック・アプリシエーション・ライト）が挙げられます（各報酬スキームの内容については，「**2　インセンティブ報酬の類型**」で詳しく解説します）。

このように，インセンティブ報酬として支給される財貨は，金銭に限られず，SO（新株予約権）及び自社が発行する株式も対象とされます。

そして，これら報酬は，役職員における勤務状況，あるいは，一定期間における業績目標の達成状況（例えば，中期経営計画で示された目標の達成度合い等）や株価推移に連動して支給されることが一般的です。

このため，役職員はその支給を受ける見返りとして，その企業に一定期間在任・在籍すること又は一定の業績目標を達成すること等を通じて企業価値の向上にコミットしなければならず，それらに見合うプレッシャーとリスクテイクを伴うことになります。

インセンティブ報酬の付与対象とされる役職員は，「そもそも当該インセンティブを獲得できるか（当該獲得に見合う十分な成果を上げることができるか)」,「獲得できるとしても自身が納得できる十分な金額を得られるか」といった思考が自然に助長されます。

このため，インセンティブ報酬は，毎月定額で支給される報酬（月次報酬）や年次賞与を前提とした固定型報酬に比べて，相対的に高い緊張感とモチベーションを役職員に与える効果が期待されます。

換言すれば，予め定められた期間の中途でその企業を退任・退職したり，業績目標の達成が不十分であったり，株価の推移が芳しくないといった場合には，制度設計上，インセンティブ報酬が全く支給されない，あるいは，支給されたとしても支給額が希望額に満たないといった事態も想定されるため，役職員は一定のリスク（報酬の全部又は一部を受け取れないリスク）を引き受けることになります。

したがって，インセンティブ報酬の導入効果を最大限引き出すためには，成果達成の難易度，報酬水準の妥当性，リスクテイクの健全性に配慮することが重要であると考えられます。

また，役職員は，中長期的な企業業績や株価に連動した報酬を手にできるチャンスを得ることで，企業価値最大化という目標に向け，株主と利害を共有する立場となります。

役職員においては，株主目線を意識した行動規範が自発的に促されるため，経営の透明性及び役職員に対する管理監督機能の実効性の向上，企業価値を毀損する恐れのあるコンプライアンス違反の予防等，企業統治において欠くことのできない経営の健全性を高める(ガバナンス機能の向上)効果が期待されます。

以上を踏まえると，インセンティブ報酬の大きな特徴として押さえておくべきポイントは，次の２つが挙げられると考えられます。

ポイント1　報酬として支給される財貨の種類

報酬の支給財貨は，金銭に加え，新株予約権（SO）及び自社の株式も対象とされる。

インセンティブ報酬は，「金銭型報酬」と「株式型報酬（SO及び株式）」に大別されます。

株式型報酬の場合，業績が好調で自社の株価が上昇すれば，報酬として受け取った財貨の価値も上昇するため，役職員においては士気向上及び企業価値向上へのインセンティブが期待されます。他方，役職員は，企業価値向上にコミットしなければならず，一定のプレッシャーとリスクを負うことになります。

なお，報酬の支給に際しては，どれか1つの財貨に限定する必要はなく，金銭，SO及び株式を組み合わせることも可能です。例えば，経営幹部には金銭と株式を，一般の従業員には金銭とSOを支給するといった設計も考えられます。

インセンティブ報酬の主な種類（スキーム）は，下表のとおり整理されます。

●●●図表Ⅱ－1　インセンティブ報酬の財貨と種類

	区分	支給財貨	報酬の種類
インセンティブ報酬	金銭型報酬	金銭	■パフォーマンス・キャッシュ ■ファントム・ストック ■SAR
	非金銭型報酬（株式型報酬）	新株予約権	■株式報酬型SO（1円SO） ■通常型SO（税制適格SO）
		自社が発行する株式	■株式交付信託 ■RS ■RSU ■PS ■PSU

各報酬の種類（スキーム）の内容については，「**2　インセンティブ報酬の類型**」で詳しく解説します。

ポイント2　報酬の支給条件の決定

報酬の支給の有無及び支給額は，一定期間における勤務状況又は業績・株価状況に応じて決定される。

インセンティブ報酬は，予め定められた勤務条件や業績条件に応じて報酬の支給の有無及び支給額が決定され，かつ，その制度設計の是非を企業内外に問うことから，評価の透明性と客観性が担保されます。

また，インセンティブ報酬は，企業業績・株価に連動する報酬制度であることから，役職員と株主との間には共通の利害（「企業価値の最大化」という共通の目的）が生まれます。役職員においては株主目線を意識した経営が助長され，企業経営の健全性を促進する効果が期待されます（ガバナンス機能の向上）。

なお，自社のKPI（Key Performance Indicators：重要業績評価指標）を織り込んだ経営指標をベースに業績条件を定めることで，企業価値向上に連動した戦略的な報酬プランを独自に構築することが可能となります。

●●●図表Ⅱ－2　インセンティブ報酬の戦略的活用

KPIをベースとする業績条件を付した報酬制度の導入	インセンティブ機能 （役職員のモチベーション向上）	→	企業価値最大化
	ガバナンス機能 （企業経営の健全性の向上）		
	自社の業績に連動した独自の戦略的経営		

(2)　報酬ミックスの重要性

報酬ミックスの最適化を議論することは，企業経営を語る上で極めて重要な意味を持ちます。インセンティブ報酬は，究極的には，「ガバナンス機能の向上」と「企業価値の最大化」を目指して導入が意思決定されることから，「経営戦略の一環として活用されるツール」といえます。このツールを正しく活用して，期待する効果を最大限享受するためには，「自社におけるインセンティブ報酬の位置付け」を明確に定義することが重要であると考えられます。

具体的には，従来からの報酬制度として，「固定型報酬（月次報酬及び年次賞与）」並びに「短期業績連動報酬（年次業績賞与）」が併存する中，報酬全体に占めるインセンティブ報酬の割合を，どのような建付けで，どの程度の配分とするか，を十分に検討する必要があると考えられます。

例えば，創業から成長期の過程にある企業，あるいは，新規ビジネスや事業転換を図っている企業においては，インセンティブ報酬は役職員のモチベーションを向上させる機能として高い効果が期待されます。

他方，成熟期にある企業や公益性の高いビジネスを運営している企業においては，社会的責任や影響が大きいことから，ステークホルダー（株主，債権者，取引先その他利害関係者）への対外的説明責任を果たす意味において，ガバナンス機能（企業経営の健全性）を重視した活用が想定されます。

また，報酬全体に占めるインセンティブ報酬の割合を高くすれば，役職員のモチベーション向上を期待することはできますが，行きすぎた成果主義を助長して，役職員に過度なプレッシャーとリスクテイクを強いないよう，配慮する必要もあります。

他方，インセンティブ報酬の割合を低くすれば，役職員における企業経営に対する関心や危機感が希薄となり，全体的に安定志向のムードが醸成され，経営規律が緩慢となる可能性も否定できません。

このように，報酬ミックスの最適化を検討する際には，各報酬の特性（図表Ⅱ－３参照）を踏まえた上で，企業のライフステージ，ビジネスの特性，役職員のモチベーション（インセンティブ）とリスクテイク，対外的な説明責任（ガバナンス対応），企業風土等，様々な事情に配慮しつつ，最適なバランスを図っていくことが重要であると考えられます。

図表Ⅱ－3　各報酬の特性

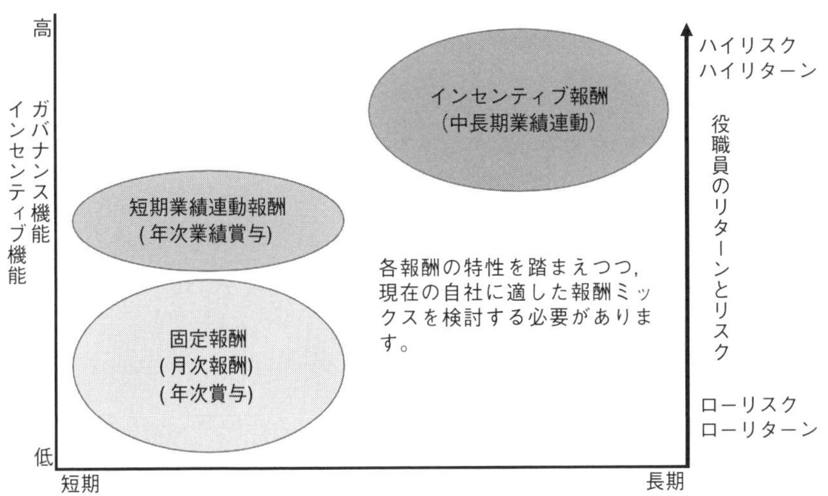

(3)　日本における動き

インセンティブ報酬は，欧米諸国では以前から広く普及しており，報酬全体に占めるインセンティブ報酬の割合は相対的に高いことが特徴です。欧米諸国では，日本に比べて，ハイリスク・ハイリターンを歓迎する風土が醸成されており，これが報酬体系のあり方にも影響を及ぼしていると考えられます。

他方，日本では，欧米諸国と比較すると，全体的に報酬水準が低く，また，報酬全体に占めるインセンティブ報酬の割合が相対的に低く，固定型報酬（月次報酬及び年次賞与）の割合が相対的に高いことが特徴です。しかしながら，近時では，日本でも，CGコードの適用によって，上場企業を中心にインセンティブ報酬の導入が急速に広がっています。

株式上場後間もないベンチャー企業やグローバルにビジネスを展開している企業等の間でも，インセンティブ報酬に対する高い関心が寄せられ，導入の裾野が広がっています。日本においても，経営戦略の一環として，インセンティブ報酬の活用が当たり前になりつつあります。

(4) 導入前の準備の重要性

インセンティブ報酬導入の事前準備として，まず，その導入の目的と期待する効果を正しく理解することが重要であると考えられます。

次に，目指すべき報酬プラン（インセンティブ報酬の設計内容）の理念及び方向性を企業と役職員との間で共有し，インセンティブを付与する側と付与される側の意思疎通を明確にしておく必要があります。

最後に，当該報酬プランが自社の経営戦略にフィットしたものであるか（企業価値向上につながるか，株主から信任されるか），十分な検証を行う必要があります。

これらの事前準備を怠れば，経営戦略と整合性を保った報酬制度を構築することが困難となり，期待する効果が十分に得られないばかりか，優秀な人材の流出や企業価値の毀損を誘発するといった，好ましくない事態が生じる可能性も否定できません。

なお，事前準備においては，法律，会計，税務，人事労務その他専門的な検討事項が複雑・多岐にわたるため，必要に応じて，外部の専門家（弁護士，人事コンサルタント，会計士，税理士，社会保険労務士等）を活用することが有益であると考えられます。

なお，インセンティブ報酬を導入する際に事前に検討しておくべき具体的な事項については，主要な論点に絞って，本章「**3　インセンティブ報酬の導入の目的と効果**」及び**第3章**で詳しく解説しています。

2　インセンティブ報酬の類型

インセンティブ報酬の主な種類（スキーム）は，図表Ⅱ－1「インセンティブ報酬の財貨と種類」に記載されているとおりです。これらをタイプ別にまとめると図表Ⅱ－4のとおり整理されます。

●●●図表Ⅱ－4　報酬スキームのタイプ別分類

交付のタイミング	業績条件なし			業績条件あり		
	金銭	新株予約権	株式	金銭	新株予約権	株式
事前交付型	－	通常型SO（税制適格SO） 株式報酬型SO（1円SO）	RS（譲渡制限付株式）	－	通常型SO（税制適格SO） 株式報酬型SO（1円SO）	PS（譲渡制限付株式）
事後交付型	年次賞与	－	RSU 株式交付信託	年次業績賞与 パフォーマンス・キャッシュ ファントム・ストック SAR	－	PSU 株式交付信託

＜図表Ⅱ－4の補足＞

■交付のタイミング

支給条件（勤務条件又は業績条件）の達成前に財貨（金銭，新株予約権又は株式）を交付するスキームを「事前交付型」，達成後に交付するスキームを「事後交付型」といいます。

なお，インセンティブ報酬は支給条件を満たした場合に与えられる報酬であることから，報酬として株式を事前交付する場合には，当該支給条件を満たすまでの間は譲渡制限が付される（売却，質権設定その他一切の処分が認められない）と共に，当該支給条件を満たさなかったときは，当該事前交付された株式の全部又は一部が企業によって無償取得（没収）されます。

■業績条件あり・なし

支給条件は勤務条件と業績条件に分類されます。図表Ⅱ－4中，「業績条件なし」は勤務条件付きインセンティブ報酬を，「業績条件あり」は業績条件付きインセンティブ報酬を指します。

■財貨（金銭，新株予約権，株式）

インセンティブ報酬として支給される財貨は，金銭，新株予約権及び株式に分類されます。報酬として金銭を支給するスキームを「金銭型報酬」，新株予約権を付与又は株式を交付するスキームを「株式型報酬」又は「非金銭型報酬」と表記します。

(1) 金銭型報酬

●●●図表Ⅱ－5　報酬スキームのタイプ別分類（金銭型報酬はアミカケ箇所が該当）

交付のタイミング	業績条件なし			業績条件あり		
	金銭	新株予約権	株式	金銭	新株予約権	株式
事前交付型	－	通常型SO（税制適格SO） 株式報酬型SO（１円SO）	RS（譲渡制限付株式）	－	通常型SO（税制適格SO） 株式報酬型SO（１円SO）	PS（譲渡制限付株式）
事後交付型	年次賞与	－	RSU 株式交付信託	年次業績賞与 パフォーマンス・キャッシュ ファントム・ストック SAR	－	PSU 株式交付信託

金銭型報酬は，報酬を金銭で支給するという点においては最もポピュラーな報酬スキームといえます。ただし，近時では，月次報酬や年次賞与といった年功序列型報酬とは異なるタイプの報酬として，パフォーマンス・キャッシュ，ファントム・ストック及びSARといったように，中長期の業績や株価に連動させる形で金銭を支給するタイプの報酬スキームが散見されます。

金銭型報酬は，「業績条件なし」と「業績条件あり」に分類されます。「業績条件なし」の報酬スキームとしては，年次賞与が挙げられます。年次賞与は，年功制を意識した固定型報酬に該当し，業績や株価に連動するインセンティブ報酬とは性質を異にするため，本書では説明を割愛します。

「業績条件あり」の報酬スキームとしては，短期インセンティブ報酬である年次業績賞与，中長期インセンティブ報酬であるパフォーマンス・キャッシュ，ファントム・ストック及びSARが挙げられます。

なお，金銭型報酬には，株式型報酬に比して，導入の際に留意すべき論点として，主に下記に掲げるメリット及びデメリットがあります。これらメリット・デメリットの詳細については，**第３章**で詳しく解説しています。

■金銭型報酬のメリット

- ✓ 流動性が高く，価値が毀損しない（インフレや通貨危機が生じた場合を除く）安全な財産として「通貨」が支給されること。
- ✓ 役職員において報酬を受給したときの納税資金確保の問題が生じないこと。
- ✓ 既存株主における株式の希薄化が生じないこと。
- ✓ 株式の売買が生じないため，インサイダー取引規制を考慮する必要がないこと。
- ✓ 会社法の諸手続き負担が相対的に軽いこと。
- ✓ 口座管理その他事務管理負担及びコストが相対的に軽いこと 等。

■金銭型報酬のデメリット

- ✓ 役職員はインセンティブ報酬を通じて株式を取得するわけではない（株主としての立場を有するわけではない）ため，株主との利害共有を図りにくいこと，報酬支給後の企業価値向上に向けたインセンティブ効果の持続を期待できないこと。
- ✓ 企業において報酬支給時にキャッシュアウトが生じること 等。

なお，金銭については，財産の性質上，株式のように譲渡制限を付すことができない（事前支給した金銭を役職員が費消することについて，これを抑止する手段を講じることが困難である）ため，事前交付型に該当する報酬スキームは存在しません。

①　年次業績賞与

年次業績賞与は，単年度における役職員の業績評価（パフォーマンス）に応じて報酬額が変動する報酬スキームです。固定型報酬（月次報酬及び年次賞与）とは別枠の報酬として，短期的な業績貢献へのインセンティブを助長する目的で導入されます。

業績評価期間が短期（1年）であることから，中長期的な業績や株価との連動性が低く，他のインセンティブ報酬と比較すると，企業価値向上に向けたインセンティブ効果は相対的に低いといえます。

② パフォーマンス・キャッシュ

パフォーマンス・キャッシュは，役職員に対し，複数年の業績結果に応じて，報酬として金銭を支給する報酬スキームです。

具体的な算定事例としては，業績評価期間の開始時において業績目標を達成した場合に支給する役職員別基準額を設定し，当該業績評価期間が終了した時に業績結果に応じて実際に支給する金銭の額を役職員別基準額に業績評価係数（０％～200％）を乗じて算出する方法が挙げられます。

支給額＝役職員別基準額×業績評価係数（０％～200％：業績に応じ増減）

支給額（業績評価係数）は，業績評価期間における株価とは連動せず，複数年にわたる役職員のパフォーマンスや企業業績の結果によって決定されます。

パフォーマンス・キャッシュは，業績評価の期間が中長期（一般的には，３年から５年程度）にわたるため，年次業績賞与に比べて企業業績との連動性に優れており，モチベーション喚起や企業価値向上に対して相対的に高いインセンティブ効果が期待されます。

③ ファントム・ストック

ファントム・ストックは，役職員に対し，現実には交付しない仮想株式をユニット（ポイント）と呼ばれる単位で付与し，業績評価期間経過後にその付与されたユニットを権利行使した時点における株価相当額の金銭を支給する報酬スキームです。

日本における導入事例は，それほど多くはありませんが，非居住者（海外駐在役員や海外子会社等に在籍する外国人経営幹部等）向けにファントム・ストックを支給するケースが見受けられます。

これは海外では有価証券の取扱い（証券規制や税制等）が日本と異なること，外国人（日本において非居住者として取り扱われる者）が日本で証券口座を開設するのが困難であること等に起因した対応であると考えられます。

④　SAR

SARは，役職員に対し，現実には付与しない仮想のSOをユニット（ポイント）と呼ばれる単位で付与し，業績評価期間経過後にその付与されたユニットを権利行使した時点における株価の値上がり益（権利行使時の株価とユニット付与時の株価の差額）相当額の金銭を支給する報酬スキームです。

すなわち，一定期間経過後の株価（仮想SOの権利行使時の株価）が，予め定められた株価（仮想SOの権利行使価額（＝ユニット付与時の株価））を上回っている場合に，その差額部分に相当する金銭が報酬として支給されます。

ファントム・ストックが株式を交付したものとみなす「フルバリュー型（株価相当額）」であるのに対し，SARは通常型SO（詳細については，「⑵　**株式型報酬（新株予約権の付与）①通常型SO**」を参照）を付与したものとみなす「値上り益型（株価上昇益相当額）」である点が異なります。

⑵　株式型報酬（新株予約権の付与）

●●●図表Ⅱ－6　報酬スキームのタイプ別分類（新株予約権：アミカケ）

交付のタイミング	業績条件なし			業績条件あり		
	金銭	新株予約権	株式	金銭	新株予約権	株式
事前交付型	－	通常型SO（税制適格SO） 株式報酬型SO（１円SO）	RS（譲渡制限付株式）	－	通常型SO（税制適格SO） 株式報酬型SO（１円SO）	PS（譲渡制限付株式）
事後交付型	年次賞与	－	RSU 株式交付信託	年次業績賞与 パフォーマンス・キャッシュ ファントム・ストック SAR	－	PSU 株式交付信託

SOとは，企業が役職員に対し，将来の職務執行の対価として予め定められた価額（権利行使価額）で自社の株式を取得できる権利（新株予約権）を付与するものです。役職員は，その付与されたSOを権利行使して自社の株式を取得し，当該株式を売却することにより経済的利益（キャピタルゲイン）を得ることができます。

SOの実務上の活用事例としては，「通常型SO」及び「株式報酬型SO」が多く見受けられます。上述したとおり，いずれも将来の職務執行の対価として付与されるものであるため，SO付与時においては金銭の払込みを要しません。

従前は，業績条件が付された有償新株予約権（付与時に金銭の払込みを要する新株予約権をいいます。金銭の払込みを要しないSOに対して，通称，「有償SO」と呼ばれることもあります）を活用する事例も多く見受けられました。有償SOを活用する最大のメリットとしては，企業側で株式報酬費用を計上する必要がなかった（損益が悪化しなかった）ことが挙げられます。

しかし，会計基準の変更によって，通常型SO及び株式報酬型SOと同様，企業側で有償SOに係る株式報酬費用を人件費として費用計上しなければならないこととされました。このため，現在においては，上場企業を中心に有償SOを積極的に導入する事例は減少傾向にあることから，本章では有償SOに関する説明を割愛します。

なお，SOは，将来の職務執行の対価として役職員に交付されることから，「事前交付型」に該当します。また，報酬プランの設計上，権利行使の条件として，業績条件を付すことも付さないことも可能です。

①　通常型SO

通常型SOは，在籍（賞与）型プラン（ボーナス・プラン）として活用され，役職員が優遇税制の適用を受けられるよう，税制適格要件を充足する形で設計・付与されることが一般的です。

当該税制適格要件を充足したSOを「税制適格SO」といいます。税制適格SOの場合，役職員において課税されるタイミングは「権利行使して取得した株式を売却したとき」のみであり，かつ，キャピタルゲイン課税（次頁算式参照）で課税関係が終了するため，株式報酬型SOのように税制適格要件を充足しないSO（税制非適格SO）に比べ税負担が軽減されます。

<優遇税制を適用した場合の役職員の税負担>

キャピタルゲイン課税 　　＝（権利行使して取得した株式の譲渡対価－権利行使価額）×20.315%

なお，税制非適格SOの場合には，権利行使益（権利行使時の株価と権利行使価額との差額）に対して最大55%の税率が適用されますので，税負担が相対的に重くなります。通常型SO（税制適格SO）及び税制非適格SOに係る税務上の詳細な取扱いについては，**第4章**を参照ください。

ところで，当該税制適格要件を充足するためには，一株当たりの権利行使価額を，「SO付与契約締結時の一株当たりの株価相当額以上」にしなければなりません。

このため，実務上，権利行使価額はSO付与契約締結時の株価相当額とされることから，株価が権利行使価額を上回るシチュエーションあるいは当該シチュエーションが見込まれる場合には役職員において企業価値向上に向けたインセンティブが働きますが，そうでない場合には当該インセンティブ効果を期待することは困難といえます。

役職員が権利行使した場合に得られる経済的利益は，株式の譲渡対価がSO付与時の株価（権利行使価額）を上回る額（株価上昇益）であることから，SARと同様，通常型SOは「値上がり益型」の報酬スキームに該当します。

②　株式報酬型SO

株式報酬型SOは，権利行使価額が1円とされることから，「1円SO」と呼ばれます。会社法上，上場企業が取締役等に対し報酬としてSOを付与する場合を除き，権利行使価額を0円とすることは認められていないため，権利行使価額を1円と定めることにより会社法の規定に抵触せず，ファントム・ストックと同様，実質的に「フルバリュー型（株価相当額）」のインセンティブ報酬を導入することが可能となります。

役職員が享受する経済的利益は,「権利行使して取得した株式の譲渡対価－1円」であるため,通常型SOとは異なり,株価下落局面においてもインセンティブ機能は働くと考えられます。

一般的に,株式報酬型SOは退職慰労金の代替である退任型プラン(リタイアメント・プラン)として活用されるケースが多いですが,通常型SOと同様,ボーナス・プランとして活用されるケースも見受けられます。

ところで,株式報酬型SOは,権利行使価額が1円であることから,税制非適格SOとして取り扱われ,一般的には,役職員における税負担は通常型SO(税制適格SO)に比べて重くなる場合があります。

具体的には,ボーナス・プランとして株式報酬型SOを付与する場合,その権利行使益(権利行使時の株価と権利行使価額1円との差額)は賞与として取り扱われるため,最大で税率55%による給与所得課税が適用されます。ただし,リタイアメント・プランとして付与する場合には,その権利行使益は退職所得として取り扱われるため,ボーナス・プランに比べて税負担は大幅に軽減されます(給与所得課税の約半分相当)。リタイアメント・プランが多く採用される背景には,上述した税務上の取扱いも深く影響しているものと考えられます。

なお,株式報酬型SO及び税制非適格SOに係る税務上の詳細な取扱いについては,**第4章**を参照ください。

【参考】会社法改正

2019年の会社法改正では,上場企業が取締役等に対しインセンティブ報酬目的で新株予約権を発行する場合には,行使価額を0円とすることが認められました(いわゆる,「0円SO」といいます)。

改正会社法施行日の2021年3月1日以後,1円SOに代わる報酬スキームとして,0円SOを付与することが可能です。

⑶　株式型報酬（株式の交付）

●●●図表Ⅱ－７　報酬スキームのタイプ別分類（株式：アミカケ）

交付のタイミング	業績条件なし			業績条件あり		
	金銭	新株予約権	株式	金銭	新株予約権	株式
事前交付型	－	通常型SO（税制適格SO） 株式報酬型SO（１円SO）	RS（譲渡制限付株式）	－	通常型SO（税制適格SO） 株式報酬型SO（１円SO）	PS（譲渡制限付株式）
事後交付型	年次賞与	－	RSU 株式交付信託	年次業績賞与 パフォーマンス・キャッシュ ファントム・ストック SAR	－	PSU 株式交付信託

役職員に株式を直接交付するタイプの報酬スキームについては，「交付のタイミング」及び「業績条件の有無」によって，次に掲げる４つのパターンに分類されます。

パターン１：業績条件なし＆事前交付型

報酬スキームとしては，RSが挙げられます。

リテンション効果（優秀な人材のつなぎ止め）を目的として，一定期間の譲渡制限が付された株式（譲渡制限付株式）を役職員に事前交付します。

当該一定期間（譲渡制限期間）中，役職員はその事前交付された株式を売却することはできませんが，譲渡制限期間の開始時から終了時まで継続勤務したことをもって譲渡制限は解除され，役職員は株式を売却することが認められ，キャピタルゲインを得ることができます。仮に，役職員が譲渡制限期間中に退任・退職した場合には，事前交付した株式の全部又は一部が企業によって無償取得（没収）されます。

なお，譲渡制限期間中，役職員は株式を売却その他処分することはできませんが，株主として議決権を行使したり，配当を受領することは認められます。

パターン２：業績条件なし＆事後交付型

報酬スキームとしては，RSU及び株式交付信託が挙げられます。

導入目的としては，RSと同様，リテンション効果を得ることにあります。ただし，一定期間の継続勤務を達成した場合に事後的に株式が交付されるため，RSに比べ，株主と利害を共有するタイミングが遅れます。

パターン３：業績条件あり＆事前交付型

報酬スキームとしては，PSが挙げられます。

役職員の企業業績向上に対するモチベーションを喚起させると共にガバナンス機能を向上させ，企業価値の最大化に向けたインセンティブ機能を高めることを目的として，譲渡制限付株式を役職員に事前交付します。

譲渡制限は，業績評価期間終了時において，予め定められた業績条件を達成した場合に解除され，当該解除をもって役職員はその交付された株式を売却することができ，キャピタルゲインを得ることが可能となります。業績条件を達成できず，譲渡制限が解除されなかった株式は，企業によって無償取得（没収）されます。

なお，RSと同様，役職員は譲渡制限期間中であっても株式を保有する限り，株主として議決権を行使したり，配当を受領することは認められます。

パターン４：業績条件あり＆事後交付型

報酬スキームとしては，PSU及び株式交付信託が挙げられます。

導入目的はPSと同様です。ただし，一定の業績条件を達成した場合に事後的に株式が交付されるため，PSに比べ，株主と利害を共有するタイミングが遅れます。

各企業の導入目的に応じて，適切な報酬スキームを選択することが重要であると考えられます。

なお，これら報酬スキームを導入する主なメリットとしては，「フルバリュー型であるため交付時の株価がいくらであるかを問わず株価を上昇させるために企業価値を向上させようとするインセンティブが働きやすいこと」,「株主との利害共有が図られること」,「企業において報酬支給に伴うキャッシュアウトが生じないこと」が挙げられます。

他方，主なデメリットとしては，「株式の希薄化」,「役職員における報酬受給時の納税資金の確保」,「インサイダー取引規制」,「会社法手続きや事務管理手続きの煩雑性及び管理コストの負担」が挙げられます。

以下，各報酬の仕組みについてその概要を解説します。

①　R　S

RSは，企業が役職員に対し，職務執行の対価として，一定の継続勤務を条件に株式を事前交付する報酬スキームです。当該条件を達成する前に当該達成を見込んで株式が交付されることから，当該株式には一定期間の譲渡制限が付されます。この譲渡制限が課される一定期間を「譲渡制限期間」，譲渡制限が付された株式を「譲渡制限付株式」といいます。

譲渡制限期間中，役職員はその事前交付された株式を売却・質権設定その他処分することができません。譲渡制限は，役職員が譲渡制限期間を通じその企業で継続勤務することを条件に解除されますが，役職員が譲渡制限期間の中途でその企業を退任・退職した場合には，その事前交付された株式の全部又は一部が企業によって無償取得（没収）されます。譲渡制限期間は，中期経営計画に合わせて3～5年，もしくは退職時までの期間とされるケースが多く見受けられます。

株式を事前交付された役職員は，交付時から配当受領権と議決権を有する（株主としての立場を有する）ため株主との利害共有が早くから図られること，また，報酬プランの内容がシンプルでわかりやすいことから，RSはインセンティブ報酬を導入する多くの企業で採用されています。

② ＲＳＵ

RSUは，RSとは異なり，一定の勤務対象期間を経過した後（勤務条件達成後）に，企業が役職員に株式を事後的に交付する報酬スキームです。

実務運用上，企業は役職員に対してユニット（ポイント）と呼ばれる一定の単位を付与し，勤務対象期間経過後に当該ユニット（ポイント）の累積数に応じた株式を役職員に交付します。

RSUの場合，役職員は勤務対象期間経過時まで株主としての権利（配当受領権や議決権）を有することはないため，RSに比して，株主との利害共有を図るタイミングが遅れるといったデメリットがあります。

他方，RSUにおいては，現物株式を交付するタイミングが勤務対象期間経過（条件達成）後であるため，自由度の高い報酬プランを設計することができます。具体的には，ユニット（ポイント）の一部を「株式の交付」ではなく「金銭の支給」とすることにより，株式と金銭を組み合わせて報酬を支給することが可能となります。これにより，役職員は，報酬として，より流動性の高い財産を獲得できることに加え，報酬受領時に発生する所得税等の納税資金を確保することが可能となります。

③ Ｐ Ｓ

PSは，企業が役職員に対し，職務執行の対価として，一定の業績評価期間の開始時に譲渡制限付株式を交付し，当該業績評価期間を経過した後において，業績目標の達成度合いに応じ譲渡制限を解除する報酬スキームです。したがって，PSは，RSと同様，事前交付型に分類されます。

当該業績評価期間の開始時に譲渡制限付株式を事前交付することから，報酬プランの設計上，業績目標の達成状況に応じて交付株式数を増減させる調整を組み込むことはできませんが，業績目標の未達に伴う無償取得（没収）という形で実質的に交付する株式の数を調整する（＝減少させる）ことは可能です。

なお，当該開始時から配当受領権及び議決権を有するにもかかわらず，業績結果によって事前交付した株式の全部又は一部が無償取得（没収）されることとなるため，一部の機関投資家では，本スキームは否定的に捉えられているようです。

さらに，2017年度税制改正において，業績条件の達成状況に応じて無償取得（没収）される株式の数が変動する報酬スキームについては，税務上，その株式報酬費用は損金算入されないこととされたため，現状，わが国においてはPSの導入・普及はあまり進んでいません。

④　ＰＳＵ

PSUは，企業が役職員に対し，職務執行の対価として，一定の業績評価期間を経過した後に業績目標の達成状況に応じて株式を事後的に交付する報酬スキームです。交付する株式の数は，事前交付されるPSとは異なり，業績目標の達成度合いに応じて事後的に決定されます。

実務上，例えば，下記算式に示すとおり，業績評価期間の開始時に業績目標を達成した場合に交付する基準交付株式数（基準ユニット数）を設定し，当該業績評価期間の終了時において，業績目標の達成度合いに応じて交付株式数（交付ユニット数）を算出するといった運用が想定されます。

【開始時】基準交付株式数（基準ユニット数）＝役職別基準額÷株価
【終了時】交付株式数（交付ユニット数）
＝基準交付株式数（基準ユニット数）×業績評価係数（０%～200%等）

PSUは，PS同様，企業業績との連動性が高いことから，企業業績の貢献に対するインセティブ機能が最も強く働く報酬スキームといえます。

ただし，事前交付型のPSとは異なり，業績目標の達成度合いに応じて，交付する株式の数を増減させることが可能であることに加え，交付ユニットの一部を「株式の交付」ではなく「金銭の支給」とすることで，RSUと同様，株式と金銭を組み合わせて報酬を支給することが可能となります。これにより，役職員は，報酬として，より流動性の高い財産を獲得できることに加え，報酬受領時に発生する所得税等の納税資金を確保することが可能となります。

PSUは，PSに比べて，自由度の高い報酬プランを設計することが可能であると考えられます。

⑤　株式交付信託

株式交付信託は，信託を通じて役職員に株式を交付する報酬スキームです。企業が役職員に株式を直接交付する報酬スキームとして，RS，RSU，PS及びPSUが解禁される以前から活用されており，大手信託銀行を中心に株式交付信託の導入及び運営に係るサービスが提供されています。

具体的には，ⅰ）ポイント付与の基準となる株式交付規程を制定し，ⅱ）企業が信託（受託者）に株式を取得するための金銭を拠出（信託設定）し，ⅲ）信託（受託者）が株式市場又は企業から株式を購入した上で，ⅳ）業績や勤務状況に応じて企業が株式交付規程に基づき役職員へポイントを付与し，ⅴ）信託期間終了時に累積したポイント数に見合う株式を交付します。

信託期間は中期経営計画に合わせて３年から５年とされることが一般的であり，当該信託期間中においては，信託管理人（企業によって独立した第三者が選定されます）から信託銀行へ議決不行使の指示（指図）がなされます。

●●●図表Ⅱ－８　株式交付信託の概要図

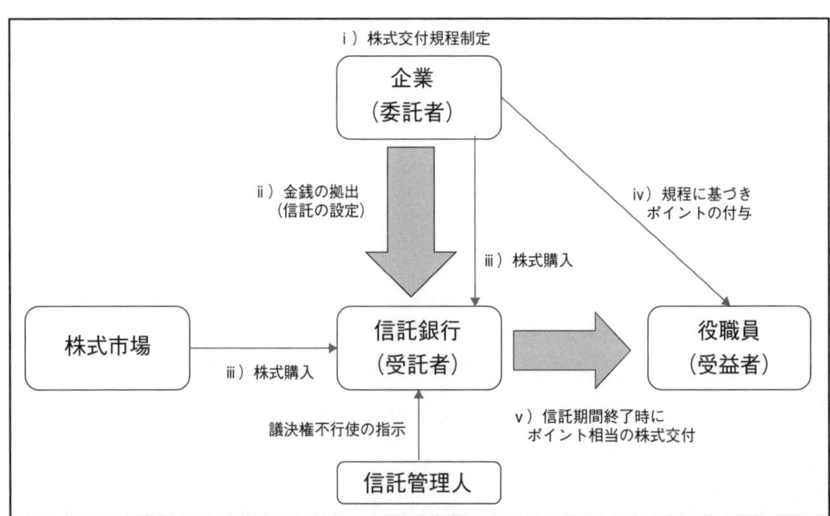

役職員にポイントを付与する方法としては，業績条件を付す場合と付さない場合の２つのパターンがあります。

業績条件を付す場合

企業は役職員に対して信託期間における業績目標の達成度合いに応じてポイントを付与します。信託期間終了後，役職員はその付与されたポイントの累積数に応じて信託（受託者）から株式が交付されます。

すなわち，信託を活用してPSUの仕組みを実現する報酬スキームであるといえます。

業績条件を付さない場合

企業は役職員に対して在任・在籍期間に応じポイントを付与します。信託期間終了後，役職員はその付与されたポイントの累積数に応じて信託（受託者）から株式が交付されます。

すなわち，信託を活用してRSUの仕組みを実現する報酬スキームであるといえます。

ところで，株式交付信託では，信託銀行が報酬プランの設計・導入及び株式の交付・管理に至るまでの一連の事務手続きに関与するため，企業自らが役職員に株式を直接交付する報酬スキーム（PSU及びRSU）に比べ，企業サイドの事務管理手続きの負担が大幅に軽減されることが期待できます。

また，PSU及びRSU同様，報酬プランの設計の自由度も高く，交付する株式の一部を信託内で換金した上で金銭によって報酬を支給する（株式と金銭を組みわせて交付・支給する）ことができます。これにより，役職員は，報酬受給時に課される所得税等の納税資金を確保することが可能となります。

さらに，信託導入時に企業に在任又は在籍していなかった者に対しても，受益者確定時に当該者がその企業の役職員としての地位を有していれば，報酬を支給することが可能です。

ただし，信託設定時に金銭の拠出や自己株式の拠出を伴うこと，信託銀行に支払うべき報酬（信託の導入コスト及びランニングコスト）が多額に生じること等，他の報酬スキームに比べ，一定の資金負担が生じる点に留意する必要があります。

したがって，報酬支給の対象者が多い，あるいは，国内外の子会社の役職員まで支給対象者を広げるといった場合のように，企業における事務管理負担が大幅に増加すると見込まれる場合には，費用対効果の観点から，株式交付信託を導入する意義は相対的に高まると考えられます。

3 インセンティブ報酬の導入の目的と効果

本章1⑷「導入前の準備の重要性」で述べたとおり，報酬プランを設計する前に，なぜ・何のためにインセンティブ報酬を導入するのか明確にしておく必要があります。

そのためには，まず，インセンティブ報酬導入の目的と効果を正しく理解する必要があります。

目的と効果は，図表Ⅱ－9のとおり，3つに分類されると考えられます。

●●●図表Ⅱ－9　目的と効果の分類

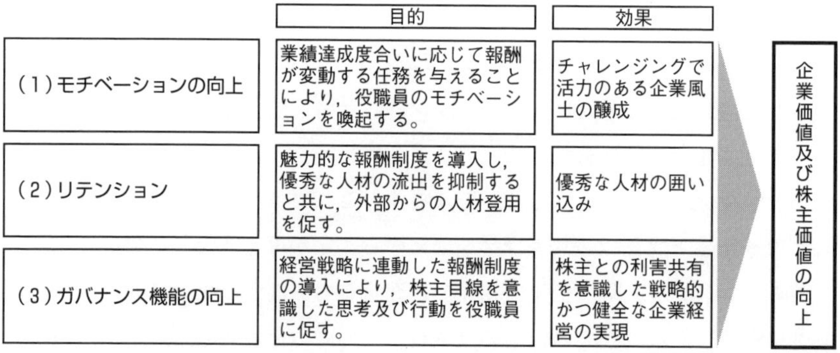

	目的	効果	
(1)モチベーションの向上	業績達成度合いに応じて報酬が変動する任務を与えることにより，役職員のモチベーションを喚起する。	チャレンジングで活力のある企業風土の醸成	企業価値及び株主価値の向上
(2)リテンション	魅力的な報酬制度を導入し，優秀な人材の流出を抑制すると共に，外部からの人材登用を促す。	優秀な人材の囲い込み	
(3)ガバナンス機能の向上	経営戦略に連動した報酬制度の導入により，株主目線を意識した思考及び行動を役職員に促す。	株主との利害共有を意識した戦略的かつ健全な企業経営の実現	

⑴　インセンティブ効果（役職員のモチベーション向上）

インセンティブ効果とは，役職員に中長期的なミッションを与え，そのミッションで設定された目標の達成度合に応じて支給額が変動する報酬プランを導入することにより，役職員のモチベーションを喚起させることを企図するものです。過度にチャレンジングな目標設定は，役職員に必要以上のプレッシャーを与えることになり，逆にモチベーションの低下を招く恐れもあるため注意が必要です。

したがって，目標達成の実現可能性を十分に見極めた上で，合理的な範囲で目標を設定することが重要であると考えられます。これに加え，目標達成の難易度と目標達成により得られる成果（報酬水準）をバランスさせる（リスクとリターンの最適化を図る）ことも重要です。目標設定が高い割に，得られる報酬が相対的に少なければ，十分なインセンティブ効果を期待することは難しいと考えられます。

また，目標の設定に際しては，自社の経営ポリシーと高い相関関係にあるKPIを織り込んだ業績条件を付すことが効果的と考えられます。KPIを目標設定に織り込むことにより，インセンティブ報酬と企業業績との間には高い連動性が生まれるため，経営戦略と整合した報酬プランを設計することが可能です。

さらに，役職員が関与する事業や職務の内容・性質に応じて用いるKPIを変えるなど，役職員の属性に応じて業績条件を個別に定めることも効果的であると考えられます。

インセンティブ機能を効果的に高めるためには，役職員が適切にリスクテイクし，それに見合う十分な報酬を得られるといった環境を整備することが必要です。他の企業の導入事例を参考にするのも１つの手段ではありますが，自社にフィットした最適な報酬プランを独自に設計することが重要です。

役職員のモチベーション喚起に直接適した報酬プランとしては，年次業績賞与，パフォーマンス・キャッシュ，ファントム・ストック，SAR，業績条件付きSO等が挙げられます。

⑵ リテンション効果（優秀な人材の流出抑制と獲得）

リテンションとは，優秀な人材を自社につなぎ止めること（人材流出の防止）や，優秀な人材を外部から新たに獲得すること（新たな人材登用）を目的として行われる人事施策を意味します。他社よりも魅力的な報酬プランを提示することができれば，その分優秀な人材を確保しやすくなり，高いリテンション効果が見込まれると考えられます。

インセンティブ報酬は，人事戦略及び経営戦略の観点から，現経営陣のみならず経営幹部候補や将来を有望視されている若手社員等，企業に必要とされる人材の確保及び社外流出を防止するための有効なリテンション施策として重視されています。

リテンション効果を得るための報酬スキームとしては，高いモチベーションを喚起させる（インセンティブを効かせた）「業績連動型」よりも，一定期間の継続勤務を支給条件とした「継続勤務型」が適していると考えられます。

継続勤務型の代表的な報酬スキームとしては，RS，RSU及び勤務条件付き株式交付信託が挙げられます。RSの場合，役職員に事前交付された株式に係る譲渡制限は，一定期間継続勤務することを条件に解除されますが，条件未達により譲渡制限が解除されない株式は企業によって無償取得（没収）されます。

また，RSU及び勤務条件付き株式交付信託の場合，一定期間継続勤務した後に株式が交付されます。したがって，いずれの報酬スキームであっても，一定期間の継続勤務を経なければ，報酬として取得した株式を売却してキャピタルゲインを得ることができないため，一定期間，人材流出を抑制できる効果が期待できます。

⑶ ガバナンス機能の向上効果(株主と利害を共有した企業経営の実現)

企業の経営戦略と高い連動性を備えた報酬制度を導入することによって，役職員においては中長期的な企業価値（株主価値）向上の意識が自発的に促されると考えられます。

役職員と株主との間には互いに利害を共有する関係が生まれる（企業価値向上という共通の目的を有する）ため，企業経営における株主への意識は必然的に高まると考えられます。これにより，企業統治に欠かせない経営の健全性，透明性及び公平性が確保され，結果として，ガバナンス機能の向上効果を期待することができると考えられます。

ガバナンス機能の向上に適した報酬プランとしては，中期経営計画で示された目標の達成度合や中長期的な業績・株価に連動して支給されるパフォーマンス・プランが想定されます。

具体的には，金銭型報酬として，パフォーマンス・キャッシュ，ファントム・ストック及びSAR，株式型報酬として，PS，PSU及び業績条件付き株式交付信託が挙げられます。いずれも，一定の業績（パフォーマンス）や株価等に連動して支給されるものであり，株主や役職員から十分に理解されるよう，成果に見合う合理的な報酬プランを構築することが重要であると考えられます。

また，報酬プランを中長期的な業績や株価等に連動させることにより，短期的な経営思考を抑制する効果も期待できます。加えて，全社レベルでの共通の経営指標を報酬プランに反映させることで，役職員らは共通の目的が与えられることになるため，無用なセクショナリズムを排する効果も期待できると考えられます。

第3章

インセンティブ報酬導入の際に検討すべき主な事項

本章のポイント

インセンティブ報酬を導入する際には，第２章で述べた効果を最大限享受できるよう，報酬プラン設計において何に留意すべきか，当該導入によってどのような影響が生じ，何に注意しなければならないか，事前に把握しておくことが重要です。

本章では主要なテーマに絞って，インセンティブ報酬導入時に検討しなければならない事項の解説をします。

<本章において検討すべき主要なテーマ>

	主要なテーマ	内　容
1	報酬プランのデザイン（プラン策定に係る基礎的構成要素の理解） (52頁)	インセンティブ報酬の支給目的（役職員のモチベーション，リテンション，ガバナンス）に応じた効果を最大限享受できるよう，報酬プランを設計する上で欠かせない6つの基礎的構成要素を理解する必要があります。
2	企業における会計（損益）インパクト (75頁)	インセンティブ報酬の支給によって生ずる企業における費用負担（人件費負担）について，その基本的な考え方を理解し，企業の損益計算に与える影響を把握することが重要です。
3	企業及び役職員における税務インパクト (76頁)	想定外の課税関係が生じることのないよう，インセンティブ報酬を支給する側（企業）及び受給する側（役職員）における税務上の取扱いを正しく理解する必要があります。
4	キャッシュアウトの有無 (80頁)	報酬スキームによっては，企業及び役職員において多額の資金を負担しなければならない場合があります。両者のキャッシュフローを配慮した上で，適切な報酬プランを設計することが重要です。
5	ダイリューションの有無(資本構成への影響) (81頁)	企業が株式型報酬を支給する場合には，当該企業の既存株主が保有している株式について希薄化が生じます。当該希薄化に配慮しつつ，適切な報酬プランを設計する必要があります。
6	インサイダー取引規制への対応 (82頁)	株式型報酬を支給する場合には，株式の売買が生じるため，金融商品取引法上，当該売買がインサイダー取引規制に抵触することのないよう，適切な対応を検討する必要があります。
7	開示への対応（会社法，金商法） (85頁)	会社法及び金融商品取引法上，それぞれの法律に定められるとおり，インセンティブ報酬の内容に関する一定の情報を開示しなければならないこととされている点に留意する必要があります。
8	労働法への対応（非金銭型報酬の賃金該当性） (86頁)	従業員に株式型報酬を支給する場合には，労働基準法上,「賃金通貨払いの原則」に抵触する恐れがないよう，事前に弁護士や社会保険労務士等の外部の専門家からのアドバイスを受けるといった対応が望ましいと考えられます。
9	事務管理の煩雑性とコストの検討 (87頁)	報酬スキームによっては，企業において発生する事務管理負担やコスト負担に大きな差異が生じる場合があります。費用対効果の観点から，事務管理負担とコスト負担が適切にバランスするよう，対応する必要があります。

1　報酬プランのデザイン（プラン策定に係る基礎的構成要素の理解）

本セクションでは，報酬プランをデザインする上で欠かせないエッセンスである，図表Ⅲ－１に掲げる(1)から(6)のポイントを解説します。

図表Ⅲ－１　インセンティブ報酬の設計基礎

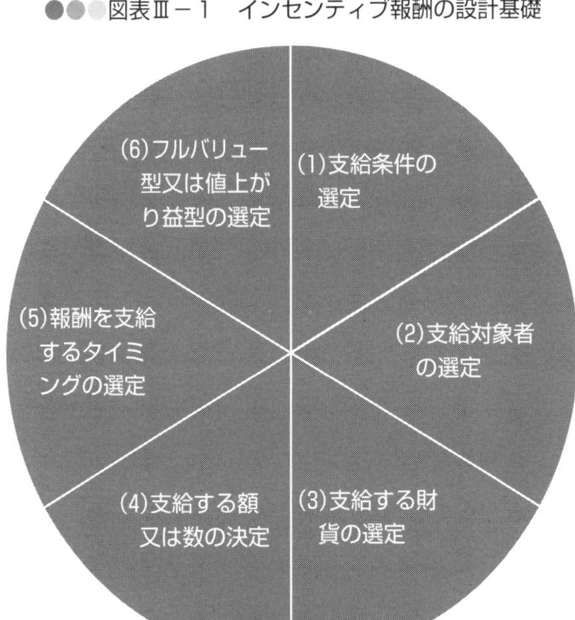

(1)　支給条件の選定

インセンティブ報酬は，予め定められた一定の条件を達成した場合に役職員に支給されます。支給額については，その条件の達成状況に応じて弾力的に設計することが可能です。仮に，当該条件が達成されない場合には，役職員は報酬を受け取ることはできません。

したがって，インセンティブ報酬を導入する際には，その導入の目的に従って，どのような条件を付すべきか検討する必要があります。具体的な支給条件としては，次頁の図表Ⅲ－２のとおり，「勤務条件」と「業績条件」に大別されます。なお，どちらか１つを選択するのではなく，勤務条件と業績条件を組み合わせた報酬プランを設計することも可能です。

●●●図表Ⅲ－２　インセンティブ報酬の支給条件と目的

		目的
インセンティブ報酬の支給条件	勤務条件	役職員の将来の精勤にインセンティブを付与し，リテンション効果を期待する。
	業績条件	役職員のモチベーション向上を図る。 企業価値の最大化を目指し，株主との利害共有を図る。

①　勤務条件

勤務条件とは，役職員が一定期間その企業に継続勤務することを報酬の支給条件とするものです。勤務条件が付されるインセンティブ報酬は，役職員の中長期的な精勤に対するインセンティブ効果を高めることを目的として導入されることが一般的です。これにより，企業は自社にとって必要とされる有能な人材をつなぎ止めておく効果が期待できます（人材流出の抑制効果）。

また，経営幹部として外部から招聘した人材やM&Aによって新たに経営陣に加わった人材が早期に離脱することを避ける意味においても，勤務条件を前提とした報酬スキームは有効な手段であると考えられます。

昨今の労働市場における人材の流動化やグローバル化に伴い，役職員の中長期的な精勤のモチベーションを向上させる（リテンション効果を得る）取組みは，経営戦略上，企業価値の創造に欠くことのできない施策の１つであると考えられます。

勤務条件の具体的な設計については，主として，「ボーナス・プラン（賞与型）」と「リタイアメント・プラン（退職金型）」に大別されます。なお，後記⑷②で詳述するとおり，勤務条件付きのインセンティブ報酬においては，リテンション効果及びガバナンス効果を重視する観点から，金銭ではなく，株式を報酬として交付するケースが一般的です。

＜ボーナス・プラン＞

一般的には，概ね３年から５年程度の継続勤務を支給条件とする事例が多く見受けられます。

役職員は，その定められた期間中，在任・在籍する企業で継続勤務することを条件に報酬を得ることができますが，当該期間が経過する前にその企業を退任・退職した場合には，報酬を受け取ることができません。

ただし，当該期間中に退任・退職した場合であっても，その退任・退職が正当な理由に基づく場合等には，実際に継続勤務した期間に応じた報酬が支給されるよう，設計されることが一般的です。

図表Ⅲ－３　勤務条件の設計イメージ

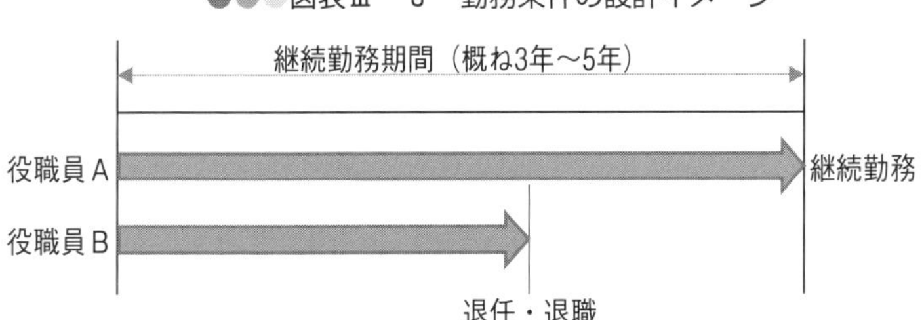

役職員Ａには，満額の報酬が支給されます。

役職員Ｂには，原則的に報酬は支給されませんが，正当な理由による退任・退職である場合には，退任・退職時まで継続勤務した期間に応ずる分の報酬を支給する旨を定めることは可能です。

＜リタイアメント・プラン＞

継続勤務の期間を長期（例えば，10年から30年）に設定することにより，リタイアメント・プランとして，インセンティブ報酬を活用することも想定されます。

旧態依然の年功序列的な役員退職慰労金制度は，役員の在任期間を報酬の算定基準としているため，企業価値（株主価値）との連動性が希薄であると，以前から指摘されていました。また，株主総会で退職金支給に係る決議が否決されるリスクに加えて，業績不振により退職金を支給できないといった事態も想定され，これまで上場企業を中心に多くの企業で相次ぎ役員退職慰労金制度は廃止されてきました。

このような背景の下，役員に対する新たなリタイアメント・プランとして，近時では，退職に起因して権利行使が認められる1円SO（株式報酬型SO）や，譲渡制限期間（≒継続勤務の期間）を長期に設定しつつも，退職という事実に基づき譲渡制限が解除されるRSが積極的に活用されています。

3(2)で後述するとおり，リタイアメント・プランとして報酬を支給する場合には，これを受け取る役職員においては，税務上，有利に取り扱われる（受け取る報酬が退職所得として取り扱われる）ため，多くの企業においてリタイアメント・プランとしてのインセンティブ報酬の導入が検討されています。

●●●図表Ⅲ－4　近時における役職員のリタイアメント・プラン

リタイアメント・プランとしてのインセンティブ報酬	報酬の財貨	役職員における税務上の取扱い
1円SO（株式報酬型SO）	新株予約権	受け取った報酬は退職所得として取り扱われるため納税負担が軽減される。
RS	株式	同上

② **業績条件**

業績条件とは，予め定められた目標の達成状況（パフォーマンス）を報酬の支給条件とするものであり，当該パフォーマンスによって，報酬の支給の有無及び支給額が決定されます。業績条件が付されるインセンティブ報酬の導入目的は，「株主利益を最大化するという動機付けを役職員に与えること」にあるため，設定される具体的な目標は「業績連動型」又は「株価連動型」に大別されます。

業績連動型を業績条件とする場合に用いられる指標としては，企業の売上や利益（営業利益，経常利益，当期純利益，EBITDA等）に加え，部門や担当部署等の一定のビジネスユニット，あるいは，役職員個人におけるパフォーマンスを対象とすることが想定されます。

この他，経営指標として一般的に用いられる売上高営業利益率，自己資本利益率（ROE），総資産利益率（ROA）や一株当たり利益（EPS）等を目標設定とすることも考えられます。また，(4)①で後述するとおり，自社の業績と連動性が高いKPIを業績条件に織り込むことで，経営戦略と相関性の高い報酬プランを策定することが可能です。

株価連動型を業績条件とする場合には，所定の日における株価，あるいは，ある一定期間の株価の上昇額をベースに支給条件を定めることが考えられます。

●●●図表Ⅲ－5　業績条件の設計イメージ

	目標設定の対象	具体的な指標
業績条件	業　績	■企業の売上・利益・その他経営指標 ■自社におけるKPI ■一定のビジネスユニットにおけるパフォーマンス ■役職員個人のパフォーマンス
	株　価	■ある所定時期の株価 ■ある一定期間の株価の上昇額

なお，業績評価の対象期間としては，中期経営計画のスケジュールに合わせて，概ね3年から5年程度とするのが一般的であると考えられます。

(2)　支給対象者の選定

インセンティブ報酬の支給対象者の選定については，上記(1)と同様，その導入の目的に従って検討する必要があります。

インセンティブ報酬の導入の目的としては，既に述べたとおり，「リテンションを目的とする場合」，「インセンティブ機能の向上を目的とする場合」，及び，「ガバナンス機能の向上を目的とする場合」の3つに大別されます。当然，目的によって報酬プランの内容が異なることが想定されるため，支給対象とされる者はそれぞれの目的に応じて選定されることが重要であり，状況によって対象者の範囲を広げたりあるいは限定したりと，きめ細やかな対応が必要であると考えられます。

以下，それぞれの目的別に，インセンティブ報酬の支給対象者としてふさわしい者について検討します。

① リテンション効果を目的とする場合

中長期的な精勤に期待してインセンティブを付与することが目的であることから，リテンション（企業へのつなぎ止め）が必要とされる者を対象にすべきと考えられます。

具体的には，創業メンバー，有能な経営幹部や将来を有望視される幹部候補などが挙げられます。外部から登用した幹部を対象とするのも効果的と考えられます。転職組の役職員は，生え抜きに比べて，企業への帰属意識がそれほど強くないことが想定されることから，リテンションを効かせることは有益であると考えられます。

なお，対象者の選定に際しては，不公平感が生じないよう，全社的に理解が得られる明確な基準を設けることが重要であると考えられます。

② インセンティブ機能の向上を目的とする場合

役職員の中長期的なモチベーション向上に期待してインセンティブを付与することが目的であることから，例えば，中期経営計画の達成に欠くことのできないキーパーソンを支給対象者にすることが考えられます。

具体的には，企業にとって中長期の重要なタスクに対して高いパフォーマンスが要求される者（経営陣，ビジネスユニットやプロジェクトの責任者など）をターゲットにするのがふさわしいと考えられます。

なお，社外取締役や監査役等の非業務執行役員は，経営の執行を管理監督する役割が期待される立場にあり，かつ，経営執行サイドからの独立性が求められることから，これらの者に対してパフォーマンスにインセンティブを付与するような報酬を支給することは馴染まないと考えられます。

③　ガバナンス機能の向上を目的とする場合

ガバナンス機能の向上（株主価値創造と企業戦略の連動性を強化すること）を目的としてインセンティブ報酬を支給するのであれば，その支給対象者としては，経営を執行する立場にある取締役や執行役（会社法上の業務執行役員）がふさわしいといえます。この他，企業業績への貢献が高い役職員として，いわゆる執行役員や重要な子会社の経営を担う役職員を支給対象者に含めることも合理的であると考えられます。

なお，業務執行役員を監視する立場にある社外取締役は，株主目線を意識した経営を促す役割を期待されていることから，ガバナンス機能を高める目的で社外取締役に一定程度のインセンティブ報酬を支給することについては，理論上，一定の合理性を有しているものと考えられます。

ただし，社外取締役の独立性が阻害されることのないよう，当然に株主や投資家から十分な理解を得る必要があり，その支給については慎重な対応が望まれると考えられます。

以上を踏まえると，ガバナンス機能の向上を目的としてインセンティブ報酬を支給する場合には，リテンションやインセンティブ機能向上を目的として支給する場合とは異なり，その支給対象の範囲は，ある程度限定されるものと考えられます。

⑶　支給する財貨の選定（金銭，新株予約権，株式）

インセンティブ報酬として支給する財貨は，「金銭」，「新株予約権」及び「株式」に大別されます。先述のとおり，金銭を支給財貨とする報酬を「金銭型報酬」，新株予約権及び株式を支給財貨とする報酬を「株式型報酬」といいます。報酬として支給する財貨の選定については，インセンティブ報酬の目的やプランに合わせて決定する必要があります。

株式を交付した場合，役職員はその交付された株式を継続保有する限り，インセンティブ効果（株主目線を意識した経営）の継続が見込まれますが，金銭を支給した場合には，役職員は株主としての立場を有するわけではないため，当該支給以降においてはインセンティブ効果の持続を期待することはできないと考えられます。

したがって，業績インセンティブや株価インセンティブの持続的な効果を期待するのであれば，株式又は新株予約権を付与することが有効であると考えられます。

ただし，インセンティブ報酬の支給を受けた役職員は，当該支給に係る所得税等を納付しなければならないため，その納税資金を確保する観点から，金銭を支給する報酬プランの導入も合わせて検討する必要があると考えられます。

株式型報酬の場合，納税資金を準備するため，役職員は報酬として受け取った株式の一部を売却しなければならず，また，当該売却の際にはインサイダー取引規制に配慮する必要があります。

金銭型報酬の場合には，株式の売却を要しないため，役職員における事務手続き負担が軽減されます。加えて，金銭型報酬は企業業績や株価を指標としてはいるものの金銭で支給する賞与としての位置付けであるため，株式型報酬に比べて事務負担は軽く，証券会社や信託銀行等への外部委託手数料も不要であり，コストを抑えることが可能です。

なお，**第２章**で述べたとおり，RSU，PSU及び株式交付信託のように，同一の報酬プランにおいて金銭と株式を組み合わせて支給する設計も可能であるため，状況に応じて，柔軟に対応することが可能です。

⑷ 支給する額又は数の決定

インセンティブ報酬として，金銭を支給する場合にはその支給額を，株式を交付又は新株予約権を付与する場合にはその個数を定める必要があります。

インセンティブ報酬の支給目的や位置付け，期待する効果によって，どのような支給条件を設定し，その支給条件の中でどの程度の支給額又は数を定めるかは，実務的には他社事例を参考としながらも，最終的には各企業の経営戦略と整合性を保つ形で決定することが重要であると考えられます。

① 業績条件型のインセンティブ報酬

業績目標の達成状況に連動する形で支給額及び個数を定めます。具体的には，中期経営計画で設定された目標や将来株価を参照する形で各企業において個別に決定することが合理的であると考えられます。

目標の達成度合いを測る指標（業績測定指標）としては，例えば図表Ⅲ－6に示すKPIを用いることが想定されます。

●●●図表Ⅲ－6　業績測定指標として用いるKPI（代表例）

売上	利益	キャッシュフロー	その他利益の指標	株価・企業価値
総売上高	営業利益	営業キャッシュフロー	売上高営業利益率	一定期間経過後の市場株価
部門別売上高	経常利益	EBITDA（利払・税引・減価償却前当期利益）	ROA（総資産利益率）	一定期間における平均株価
	税引前当期純利益		ROE（自己資本利益率）	株価増減額や騰落率（過年度比較，計画比，他社比較等）
	当期純利益		EPS（一株当たり当期純利益）	株価インデックス（TOPIX，日経平均株価，JPX日経インデックス400等）と対比した騰落率
	複数事業年度の累積利益		ROCE（使用資本利益率）	TSR（株主総利回り）
	部門別営業利益		ROIC（投下資本利益率）	EVA（経済的付加価値）

ガバナンス機能を意識するのであれば，図表Ⅲ－6の「株価・企業価値」に示す指標やその企業グループ全体に係る業績指標（連結ベースの売上，キャッシュフロー，利益）を用いることが想定されます。

他方，役職員のインセンティブ向上（モチベーション向上）に着目する場合には，役職員の個別業績が反映されやすい部門別又は担当事業別の業績指標（セグメント別の売上や利益）を用いることが想定されますが，過度なセクショナリズムを助長しないよう，留意が必要です。

なお，複数のKPIを用いて業績条件を設計することは可能ですが，選定するKPIの数が多くなると，総花的な業績評価に陥りやすく，経営戦略との相関性が弱まり，期待する効果（ガバナンス機能向上や役職員のモチベーション向上）を見込めなくなる恐れもあります。

したがって，経営戦略と最も整合性を保つことができるKPIを必要最低限の数に絞り込むことが重要であると考えられます（一般的には，２～３個程度が理想的と考えられます）。

以下，上場企業の実際の導入事例をベースに具体的な業績条件の設計プランについて考察します。なお，解説の内容が複雑にならないよう，実際の導入事例に一部修正等を加えている点，また，各ケースにおいて用いられている数値は実際の導入事例とは異なる点にご留意ください。

＜ケース１＞オールorナッシング型

報酬の算定基準（報酬限度）	取締役５名（代表取締役１名，その他取締役４名）に対し，年報酬額として当社株式17,000株を交付するものとし，その内訳は次のとおりとする。ただし，金額換算において総額年5,000万円以内の交付に限るものとする。 ■代表取締役（１名当たり）：年5,000株 ■上記以外の取締役（１名当たり）：年3,000株

(1) 業績条件

業績評価期間（３年）に含まれる下記各事業年度ごとの業績目標は，下表に記載の連結営業利益率とし，当該業績目標の達成を条件に上記定められた数の株式を，その目標が達成された事業年度の終了後，所定の手続きを経て速やかに交付する。

事業年度	連結営業利益率
(n) 期	10%
(n+1) 期	11%
(n+2) 期	12%

(2) 在籍条件及び譲渡制限

■各事業年度ごとに当該事業年度終了時まで当社の業務執行取締役として職務に従事した場合に限り株式を交付する（在籍条件）。

■株式交付時から５年間，当該交付された株式の譲渡，担保提供その他一切の処分はできないものとする（譲渡制限）。ただし，当該５年間において当社の役員又は従業員のいずれでもなくなった場合には，譲渡制限を解除する。

本ケースでは，目標設定された連結営業利益率を達成すれば，予め定められた数の株式（年間総額5,000万円が上限）が対象取締役に交付されます。逆に，目標を達成しなければ報酬は一切支給されないことから，本ケースの支給条件は「オール or ナッシング型」といえます。

また，業績評価期間は3年とされていますが，報酬支給のタイミングは当該業績評価期間に含まれる事業年度ごととされており，単年度ベースでの評価及び支給（オーバーラップ方式）とされています。

なお，株式交付後5年間の譲渡制限期間が設けられており，交付された株式を一定期間処分することが禁じられています。このため，対象取締役は，付与された株式を一定期間継続保有することが求められ，株主としての地位を有する（株主と利害を共有する）ことから，ガバナンス機能を高める効果が期待されます。

<ケース2>業績連動型（業績連動係数100%）

報酬の算定基準：基準交付株式数（1）×業績目標達成係数（2）

(1) 基準交付株式数
社外取締役を除く取締役に対し，一律5,000株とする。

(2) 業績目標達成係数
業績評価期間に含まれる事業年度ごとに定めた下記係数を合算した数値とする。ただし，下記連結営業利益目標を達成した事業年度の係数のみを合算対象とする。

事業年度	係数	連結営業利益目標
(n) 期	30%	4,000億円
(n+1) 期	30%	4,150億円
(n+2) 期	40%	4,300億円

(3) その他条件
上記業績条件を満たし付与された株式については，その付与された者が当社の役職員等の地位を退任又は退職するまでの間，第三者への譲渡，担保の設定その他一切の処分を禁ずる。

本ケースでは，業績条件として連結営業利益のみが用いられており，ケース1と同様，極めてシンプルな設計とされています。業績評価期間は3年と定められ，連結営業利益目標の達成状況に応じ，次頁の表のとおり0%（0株）から100%（5,000株）の範囲で業績連動係数が変動し，当該3年経過後に付与される株式数が決定され，一括で交付（一括方式）されます。

ケース１の「オール or ナッシング型」とは異なり，報酬の支給額（株数）が業績成果に連動します。

業績連動係数	目標達成状況	付与株式数（1名当たり）
0%	全ての事業年度の目標を達成しなかった。	0株
30%	(n)期又は(n+1)期のいずれかにおいて目標を達成した。	1,500株
40%	(n+2)期のみ目標を達成した。	2,000株
60%	(n)期及び(n+1)期の目標を達成した。	3,000株
70%	(n)期又は(n+1)期のいずれか，及び，(n+2)期の目標を達成した。	3,500株
100%	全ての事業年度の目標を達成した。	5,000株

なお，本ケースの特徴として，交付された株式は，その株式を付与された役職員がその会社を退任又は退職するまでの間，一切の処分が禁じられている（譲渡制限が付されている）ことから，役職員はその企業の在任・在籍期間中，株式を継続保有しなければなりません。

これは，ケース１と同様，ガバナンス機能の向上を意識した設計であると考えられます。

<ケース３>業績連動型（業績連動係数200%）

報酬の算定基準：１株当たりの株式時価（1）×割当株式数（2）

(1)　１株当たりの株式時価
業績評価期間（３事業年度）終了後，最初に到来する定時株主総会の決議直後に開催される株式割当に係る取締役会の決議日の前日における終値等。

(2)　割当株式数
割当株式数＝基準交付株式数（①）×総支給率（②ロ）

①基準交付株式数（役職によって変動）

役職	基準交付株式数
CEO	9,000株
CFO	4,000株
その他業務執行取締役	3,000株

②総支給率

指標の種別	目標値	イ．支給率 ロ．総支給率
売上	6,500億円	イ．支給率＝（各指標の目標達成率－80%）×5 （支給率は各指標毎に算定する） ロ．総支給率＝各支給率の合計÷3
EPS	400円	
ROE	20%	

目標達成率が80%以下の場合，その支給率はゼロとされる。
目標達成率が120%以上の場合，その支給率は２とされる。

本ケースでは，業績条件として３つのKPI（売上，EPS及びROE）が織り込まれており，KPIごとに３年後に達成すべき業績目標が設定されています。

特徴としては，「業績規模（売上）の拡大」，「収益力（EPS）の向上」，及び，「資本効率性（ROE）の向上」に対してどれだけ貢献したかに着目して報酬額が決定される仕組みとされており，どのKPIにおいても目標値の80%超を達成することが求められています。仮に，全てのKPIにおいて実績値が目標値の80%以下となる場合には，インセンティブ報酬は一切支給されません。

他方，全てのKPIで実績値が目標値の120%以上となる場合には，最高額（基準交付株式数の２倍（＝200%）相当額）の報酬を得ることができます。すなわち，本ケースにおけるインセンティブ報酬の支給条件としては，設定された目標値の前後20%の範囲でパフォーマンスを発揮することが求められており，その成果というべき業績連動係数（＝総支給率）は，０%（報酬支給額がゼロ）から200%（報酬支給額の上限である基準交付株式数の２倍相当）の範囲で変動することとされています。

本ケースの業績条件は，ケース１の「オール or ナッシング型」やケース２の「業績連動係数100%型」とは異なり，予め設定された目標を超える成果を出せば，より高い報酬を得られる仕組みとされていることから，役職員に対する業績インセンティブの向上を意識した設計であると考えられます。

ところで，本ケースでは，各KPI（売上，EPS，ROE）のウェイトが同一で設定されていますが，仮に，ROEを重視する経営戦略をポリシーとするのであれば，売上及びEPSに比してROEのウェイトを高くするといったアレンジも想定されます（例えば，売上：EPS：ROE＝１：１：３とする等）。

なお，本ケースにおけるインセンティブ報酬の算定基準は，ケース１とは異なり，株数ではなく金額とされていますが，報酬として金銭を支給する他，算定基準額に見合う数の株式を交付することも可能です。

また，金銭及び株式をミックスして支給及び交付することも可能であり，実務上，そのような導入事例も散見されます。例えば，算定基準額の50%相当額を株式で交付し，残額を金銭で支給するといったケースが想定されます。

インセンティブ報酬の一部を金銭で支給することによって，役職員は当該インセンティブ報酬に対して課される所得税等に係る納税資金を確保することができます。

②　勤務条件型のインセンティブ報酬

勤務条件型のインセンティブ報酬は，リテンション効果を目的として導入されることが一般的です。優秀な人材を企業につなぎ止める施策として導入されることから，報酬は一定期間の継続勤務を条件として支給されます。

継続勤務の期間は，３年から５年の間で設定されるケース（ボーナス・プラン）の他，10年から30年の間で設定されるケース（リタイアメント・プラン）が見受けられます。

なお，リテンション効果と合わせて，ガバナンス機能（株主目線の経営）を重視するのであれば，株主と利害共有が図られるよう，報酬として支給する財貨は，金銭ではなく，株式が適していると考えられます。

その際，どの程度の株数（金額）を付与することが適切であるかを検討する必要があります。実務的には，月次報酬や年次賞与との比較，あるいは，同業他社事例を参考にしながら妥当な水準を探っていくことになると考えられます。

なお，自社が人材獲得競争の激化している業界にいる場合には，自社の役職員が離職したり他社から引き抜かれたりするリスクを極小化する手段として，競争力のある報酬プランを用意する（すなわち，報酬水準を高めに設定する）ことが効果的といえます。

この場合，たとえ他社事例を超える報酬水準であったとしても，それが人事及び経営戦略上必要な施策であると認識されれば，株式市場から理解を得られる余地は十分にあると考えられます。また，人材市場への効果的なアピールにもつながると考えられます。

以下，リテンション効果を目的としたインセンティブ報酬として，RSの導入事例（ボーナス・プラン及びリタイアメント・プラン）を紹介します。

＜ケース１＞ボーナス・プラン（継続勤務期間３～５年）

■株式発行（割当）の概要

株式割当日	ｎ年７月12日
株式の交付の方法	新株発行による株式の割当
株式交付対象者（割当対象者）	当社の業務執行取締役 ３名
発行する株式（割当株式）の総数	当社の普通株式 82,100株
新株の発行価額	１株につき1,423円
新株の発行価額の総額	116,828,300円

■譲渡制限期間

ｎ年７月12日～ｎ＋３年７月11日（３年間）

譲渡制限期間中，割当対象者は，割当株式を第三者に対して譲渡，質権の設定，譲渡担保権の設定，生前贈与，遺贈その他一切の処分行為をすることができない。

■譲渡制限解除事由

・割当対象者が，譲渡制限期間中，継続して，当社又は当社の子会社の取締役，執行役員又は使用人のいずれかの地位にあったことを条件として，譲渡制限期間満了時点をもって，当該時点において割当対象者が保有する割当株式の全部につき譲渡制限を解除する。

・ただし，任期満了その他正当な理由により，譲渡制限期間満了前に当社又は当社の子会社の取締役，執行役員又は使用人のいずれの地位からも退任した場合には，譲渡制限期間満了時点をもって，当該退任時において割当対象者が保有する割当株式の全部につき譲渡制限を解除する。

■無償取得事由（没収事由）

・割当対象者が，譲渡制限期間が満了する前に，当社又は当社の子会社の取締役，執行役員又は使用人のいずれの地位からも退任（正当な理由に基づく退任を除く）した場合には，当該退任した時をもって，当社は割当株式の全部を無償取得する。

・また，譲渡制限期間満了時において，一定の事由により，譲渡制限が解除されていない割当株式がある場合には，当該満了時をもって，当社は当該割当株式を無償取得する。

<ケース2>リタイアメント・プラン（継続勤務期間10～30年）

■株式処分（割当）の概要

株式割当日	n年7月12日
株式の交付の方法	自己株式の処分による株式の割当
株式交付対象者（割当対象者）	当社の取締役（社外取締役を除く）6名 当社の執行役員　19名
処分する株式（割当株式）の総数	当社の普通株式 163,751株
株式の処分価額	1株につき734円
株式の処分価額の総額	120,193,234円

■譲渡制限期間

n年7月12日～n＋30年7月11日（30年間）
譲渡制限期間中，割当対象者は，割当株式を第三者に対して譲渡，質権の設定，譲渡担保権の設定，生前贈与，遺贈その他一切の処分行為をすることができない。

■譲渡制限解除事由

・割当対象者が，譲渡制限期間の開始日以降，最初に到来する当社の定時株主総会の開催日（割当対象者が当社の執行役員の場合には，譲渡制限期間の開始日以降，最初に到来する当社の事業年度末日）まで継続して，当社の取締役又は執行役員のいずれかの地位にあったことを条件として，譲渡制限期間満了時点をもって，当該時点において割当対象者が保有する本割当株式の全部につき，譲渡制限を解除する。
・ただし，割当対象者が，当社取締役会が正当と認める理由（任期満了等）により，本譲渡制限期間が満了する前に当社の取締役及び執行役員のいずれの地位からも退任した場合には，n年7月（割当対象者が当社の執行役員の場合には，n年4月）から割当対象者が当社の取締役及び執行役員のいずれの地位からも退任した日を含む月までの月数を12で除した数（ただし，計算の結果，1を超える場合には，1とする。）に，当該時点において割当対象者が保有する割当株式の数を乗じた数（ただし，計算の結果，1株未満の端数が生ずる場合には，これを切り捨てるものとする。）の割当株式につき，当該退任の直後の時点をもって，これに係る譲渡制限を解除する。

■無償取得事由（没収事由）

・割当対象者が，譲渡制限期間の開始日以降，最初に到来する当社の定時株主総会の開催日の前日（割当対象者が当社の執行役員の場合には，譲渡制限期間の開始日以降，最初に到来する当社の事業年度末日の前日）までに当社の取締役及び執行役員のいずれの地位からも退任した場合には，当社取締役会が正当と認める理由（任期満了等）がある場合を除き，当社は本割当株式を当該退任の時点をもって無償取得する。
・また，譲渡制限期間満了時において，一定の事由により，譲渡制限が解除されていない割当株式がある場合には，当該満了時をもって，当社は当該割当株式を無償取得する。

(5) 報酬を支給するタイミングの選定

インセンティブ報酬を支給するタイミングは，「事前交付型」と「事後交付型」に分類され，それぞれ図表Ⅲ－7のとおり整理されます。

●●●図表Ⅲ－7　インセンティブ報酬の事前型・事後型の分類

交付のタイミング	金銭	新株予約権	株式
事前交付型	－	通常型SO（税制適格SO） 株式報酬型SO（1円SO）	RS（譲渡制限付株式） PS（譲渡制限付株式）
事後交付型	パフォーマンス・キャッシュ ファントム・ストック SAR	－	RSU PSU 株式交付信託

① 事前交付型

事前交付型の報酬スキームの代表例としては，新株予約権，並びに，RS及びPSが挙げられます。

新株予約権の一般的な活用事例としては，実務上，株式報酬型SO（1円SO）及び通常型SO（税制適格SO）が想定されます。いずれも，将来における役務提供（労務）の対価として役職員に付与されるものであることから，役職員は当該付与に際して金銭を払い込む必要はありません（すなわち，SOは無償で付与されます）。

なお，付与されたSOは，通常，当該付与されてから一定期間を経過した後に権利行使することができるよう設計されます。役職員は当該権利行使によって株式を取得し，当該取得した株式を市場で売却することによって，キャピタルゲインを得ることができます。

通常型SO（税制適格SO）は，税制適格要件を充足するため，付与されてから2年経過後に権利行使が認められるよう設計されます。したがって，権利行使できる期間が到来する前にその企業を退任又は退職した役職員は付与されたSOを権利行使することはできません。

また，株式報酬型SO（１円SO）は，主にリタイアメント・プラン（退職金）として活用されるケースが多く，権利行使期間を長期間（30年～50年）に設定し，当該期間内に役職員が退任又は退職したときに，当該退任又は退職した日の翌日から短期間（10日以内）に限って権利行使できるよう設計されることが一般的です。

これにより，役職員においては，当該権利行使によって得られる利益が，税務上，退職所得として取り扱われるため，税負担が軽減されることとなります。

●●●図表Ⅲ－8　SOの付与から株式売却までのスケジュール

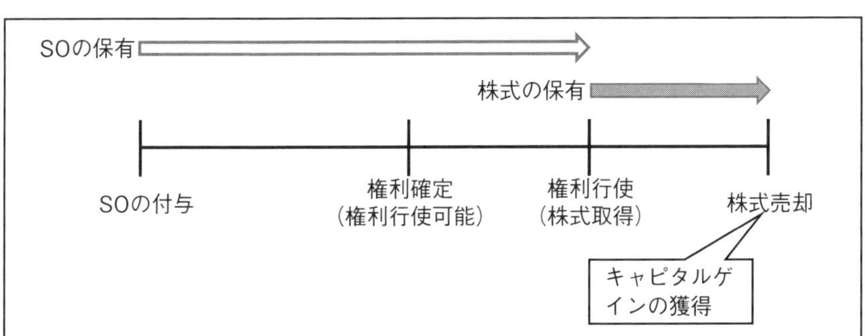

RS及びPSは，将来の役務提供（労務）に対する報酬として企業から役職員に株式を交付する報酬スキームです。当該株式は将来の労務対価として事前交付されることから，当該株式には一定期間の譲渡制限が付されます。

役職員は，当該一定期間（譲渡制限期間）を経過するまでの間は，当該株式を譲渡あるいは担保の用に供する等一切の処分を行うことが認められません。

当該譲渡制限は，交付時に予め定められた一定の条件を達成した場合に解除されます。これにより，役職員は付与された株式を市場で売却することが可能となり，キャピタルゲインを獲得する機会を得ることができます。

仮に，譲渡制限期間において当該条件を達成できなかった場合には，役職員は企業から当該株式を無償取得（没収）され，キャピタルゲインを得る機会を喪失します。なお，譲渡制限が解除される事由としては「勤務条件」及び「業績条件」があり，RSには勤務条件，PSには業績条件が付されることとなります。

●●●図表Ⅲ－9　RS及びPSの交付から売却までのスケジュール

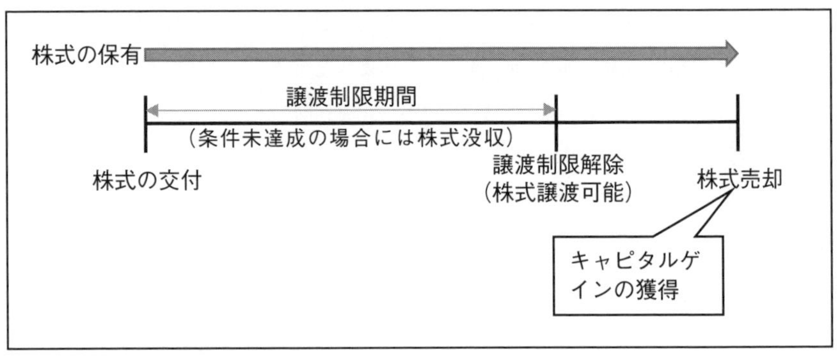

なお，PSに係る株式報酬費用は，原則的には，これを交付した企業において，税務上，損金の額に算入されない点に留意する必要があります（詳細については，**第4章**を参照）。

②　事後交付型

事後交付型のインセンティブ報酬の代表例としては，パフォーマンス・キャッシュ，ファントム・ストック，SAR，RSU，PSU及び株式交付信託が挙げられます。

パフォーマンス・キャッシュ，ファントム・ストック及びSARは，いずれも中長期の業績に連動した金銭型報酬であり，一定の業績条件を達成したことをもって事後的に支給されるインセンティブ報酬です。

●●●図表Ⅲ－10　金銭報酬支給までのスケジュール

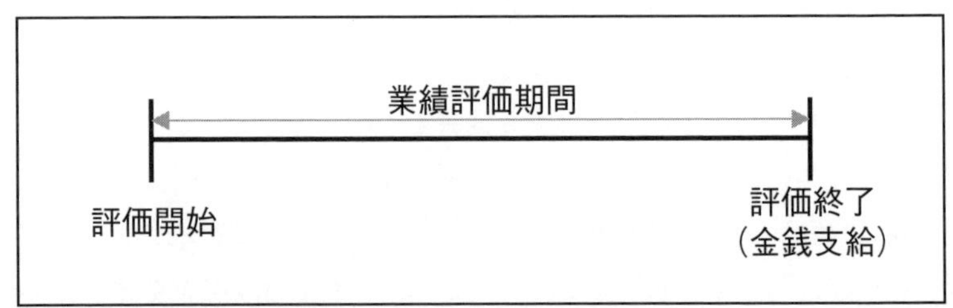

RSU及びPSUは，それぞれ勤務条件及び業績条件の達成を前提として支給さ

れる株式型報酬であることから，インセンティブ報酬の効果としては，事前交付型であるRS及びPSと比べて本質的な違いはないと考えられます。

ただし，RSU及びPSUは，条件達成後に株式が報酬として交付されることから，株主としての地位（配当を受領する権利及び議決権を行使する権利）を得るタイミングがRS及びPSよりも後になるため，株主意識が相対的に弱くなることは否めないと考えられます。

RSU及びPSUのスキームについては，ある指定された期間において継続勤務又は業績達成の度合いに応じて役職員にユニット（ポイント）を付与し，当該期間満了時までに獲得したユニットの数に応ずる株式を交付するといった仕組みが採られます。

●●●図表Ⅲ－11　RSU及びPSUの交付から売却までのスケジュール

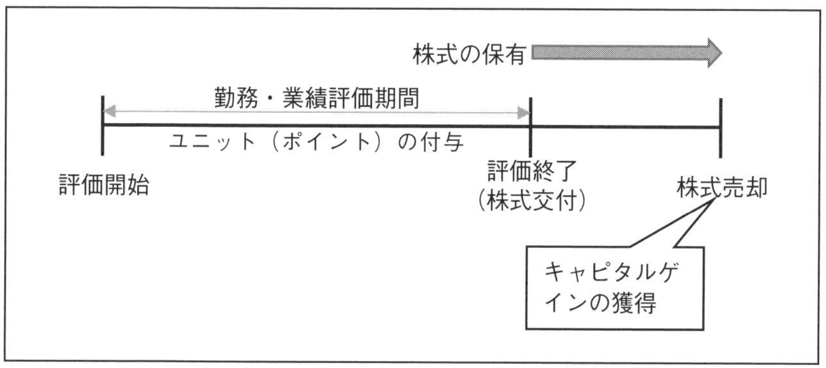

なお，株式交付信託においては，上記RSU及びPSUと同様，勤務条件又は業績条件を付して，ある一定期間におけるポイント獲得高に応じて株式が事後的に交付されます。株式交付信託は，RSU及びPSUの仕組みを信託で実現する報酬スキームといえます。

⑹　フルバリュー型又は値上がり益型の選定

インセンティブ報酬は，報酬プランの性質上，「フルバリュー型」と「値上がり益型」に分類されます。

フルバリュー型とは「株式の時価相当額」を報酬額とする報酬プランであり，値上がり益型とは「株式価値の上昇益相当額」を報酬額とする報酬プランをいいます。

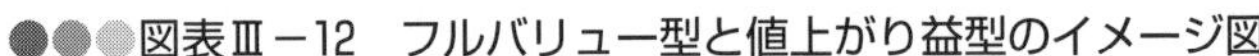
図表Ⅲ－12　フルバリュー型と値上がり益型のイメージ図

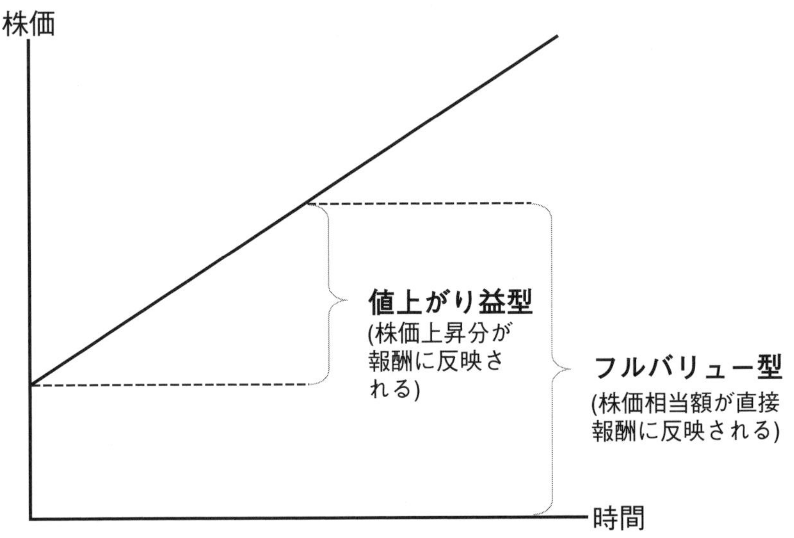

フルバリュー型は，株価の上昇局面及び下落局面のいずれにおいても株主との利害共有が図られるため，株価が安定的に推移する成熟企業との整合性が高いといえます。

他方，値上がり益型は，株価上昇が報酬の源泉とされるため，株価上昇が継続的に期待される成長企業との整合性が高いといえます。

したがって，株価が安定推移又は下落局面に入った場合には，株価上昇のインセンティブ（役職員のモチベーション向上）効果を期待することが難しくなると共に，株主との利害共有を図ることが困難となる可能性も想定されるため，適切なタイミングで報酬プランの見直しを検討する必要性が生じると考えられます。

各報酬プランをフルバリュー型と値上がり益型に分類すると，図表Ⅲ－13のとおり整理されます。

図表Ⅲ－13　報酬スキーム別フルバリュー型及び値上がり益型の分類

分類		金銭	新株予約権	株式
フルバリュー型	事前交付型	－	株式報酬型SO（1円SO）	RS（譲渡制限付株式）
				PS（譲渡制限付株式）
	事後交付型	ファントム・ストック	－	RSU
				PSU
				株式交付信託
値上り益型	事前交付型	－	通常型SO（税制適格SO）	－
	事後交付型	SAR	－	－

なお，パフォーマンス・キャッシュは，業績目標の達成度合いに応じて金銭が支給されるタイプの報酬プランであり，報酬が株価に連動しないため，上表の対象には含めていません。

2　企業における会計（損益）インパクト

企業は，インセンティブ報酬を支給した場合には，通常の報酬給与と同様，これを費用計上しなければなりません。したがって，インセンティブ報酬を支給する場合には，どの程度の損益インパクト（費用計上額）が発生するかを事前に把握しておくことが重要です。

なお，本章では，金銭型報酬（パフォーマンス・キャッシュ，ファントム・ストック，SAR）及び株式型報酬（SO，RS，RSU，PS，PSU，株式交付信託）を問わず，インセンティブ報酬全般に係る費用計上額を「株式報酬費用」と表記することとします。

株式報酬費用は，基本的には，一定期間にわたって費用計上する処理が求められますが，報酬プランの設計内容によっては，ある一定の時点において一時の費用として処理しなければならない場合もあるため，会計処理の方法及びその考え方を正しく理解する必要があります。具体的には，株式報酬費用の総額を把握するとともに，これを各事業年度にどのように配分していくかを検討することが重要であると考えられます。

ところで，株式報酬費用に係る会計処理については，SO，株式交付信託及び取締役等に対する報酬等として株式を無償交付する取引に限り会計基準等で明らかにされていますが，これら以外のインセンティブ報酬に係る会計処理については，2022年12月末現在において，明確な基準等は設けられていません。

したがって，基準等が定められていないインセンティブ報酬に係る株式報酬費用については，合理的かつ妥当と認められる方法に基づいて会計処理を行う必要があります。株式報酬費用に係る会計処理の詳細については，**第4章「2　会計上の取扱い」を参照ください。**

会計上の論点

【ポイント1】

企業はインセンティブ報酬を費用として計上しなければなりません。

【ポイント2】

インセンティブ報酬は，基本的には一定期間にわたって費用処理されますが，一時の費用として処理しなければならない場合があります。

3　企業及び役職員における税務インパクト

このセクションでは，企業及び役職員における税務上の取扱いについて，立場別に概要（エッセンス）を説明します。税務に関する詳細な解説については，**第4章「3　税務上の取扱い」を参照ください。**

(1)　企業における税務処理

役員に対するインセンティブ報酬に係る株式報酬費用は，一定の要件を充足する場合に限って，税務上，損金の額に算入することが認められます。したがって，報酬プランを設計する際には，税効率の観点から，税務上，株式報酬費用が損金算入される設計内容になっているか否か慎重な検討を要します。

なお，通常型SO（税制適格SO）に係る株式報酬費用は，当該SOの被付与者が役員であるか従業員であるかを問わず，税務上，損金の額に算入することはできません。

また，上記に加え，株式報酬費用が損金算入されるタイミングにも留意する必要があります。株式報酬費用の損金算入時期は，会計で費用計上される時期よりも後になります。これは，企業会計上，将来の労務対価である株式報酬費用を適切に測定し，これを「将来発生することが高い確度で見込まれる債務」として前もって各期に合理的に配分する処理が求められるのに対し，税務では債務確定主義が採られていることから，債務の確定した費用のみを損金算入の対象としているためです。

図表Ⅲ－14　株式報酬費用の計上時期と損金算入時期のイメージ図

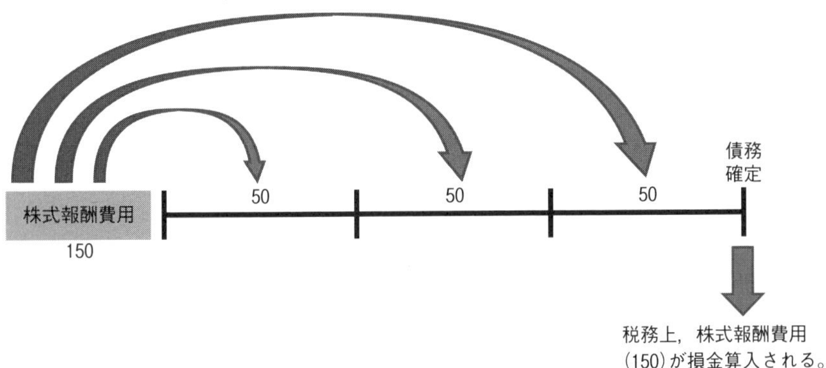

なお，株式報酬費用の債務確定時期（損金算入時期）については，端的にいえば，金銭である場合には「金銭を支給した時」，SOである場合には「権利行使した時」，株式である場合には「譲渡制限の解除が確定した時」又は「株式を交付した時」とされます。

企業における税務上の論点
【ポイント1】
インセンティブ報酬のプラン設計上，株式報酬費用が損金算入されるか否か慎重な検討が必要です。
【ポイント2】
株式報酬費用に係る費用計上時期と損金算入時期が異なる（費用計上時期が損金算入時期を先行する）点に留意する必要があります。

(2) 役職員における税務処理

役職員が受け取るインセンティブ報酬に係る課税は，総合課税（主に給与所得課税）又は分離課税（主に退職所得課税又は株式譲渡所得課税）のいずれかに大別されます。

総合課税の場合には超過累進税率（所得税及び住民税合わせて最高55%）が適用される一方，分離課税の場合には税率が低く抑えられる措置（退職所得課税の場合には総合課税の約半分相当，株式譲渡所得課税の場合には一律20.315%）が講じられています。

このため，一般的には分離課税よりも総合課税のほうが税負担が高くなる傾向にあります。総合課税又は分離課税のどちらが適用されるかは，報酬プランの設計内容に左右されます。例えば，在任型の報酬プラン（ボーナス・プラン）であれば給与所得課税，退任型の報酬プラン（リタイアメント・プラン）であれば退職所得課税が適用されます。

なお，ボーナス・プランであっても，通常型SO（税制適格SO）の場合には，株式譲渡所得課税が適用されます（企業側では株式報酬費用が損金算入されず不利となりますが，役職員側では税負担が軽減されるため有利となります)。

次に留意すべき論点としては，「役職員における課税対象金額（収入金額)」と「企業で計上される株式報酬費用の額」は必ずしも一致しないという点です。これは，それぞれの額の測定・算定時期が異なることに起因します。

例えば，企業が役職員にRSを報酬として交付する場合，株式報酬費用は「当該交付時の株価」を参照して算定されるのに対し，役職員における課税対象金額は「譲渡制限が解除された時の株価」を参照して算定されることから，両者の額は通常一致しません。

したがって，将来的に株価が上昇する場合には，相対的に少ない株式報酬費用の負担で高い報酬を支給することができ，その分，役職員の税負担は増加します。逆に，将来的に株価が下落する場合，相対的に多額の株式報酬費用が計上される一方，役職員の受け取る報酬は目減りすることとなるため，その分，役職員の税負担も減少します。

最後に，重要な論点として，「企業における株式報酬費用の損金算入時期」と「役職員の課税時期（所得として認識するタイミング）」が一致しない場合があることが挙げられます。一般的に企業が役職員に報酬を支給した場合には，当該支給時において，企業は当該報酬を損金算入し，役職員は当該報酬を所得として認識するため，企業側の損金算入時期と役職員側の課税時期は通常一致します。

しかし，例えば，RSを交付した場合には，企業側で損金算入される時期は「譲渡制限の解除が確定した時（企業による無償取得事由が消滅した時）」とされる一方，役職員側の課税時期は「譲渡制限が解除された時」とされます。したがって，企業側の損金算入時期が役職員側の課税時期を先行する場合がある点に留意する必要があります。

役職員における税務処理の論点

【ポイント1】

報酬プランの種類に応じて，総合課税又は分離課税のいずれかが適用され，税負担に差異が生じます。

【ポイント2】

企業で計上される株式報酬費用の額と役職員の課税対象金額（収入金額）は，一致しない場合があります。

【ポイント3】

企業における株式報酬費用の損金算入時期と役職員における課税時期（所得として認識するタイミング）は一致しない場合があります。

4 キャッシュアウトの有無

(1) 企業サイド

上述したとおり，インセンティブ報酬は金銭型報酬と株式型報酬に大別されます。金銭型報酬の場合，企業においては，報酬支給に伴いキャッシュアウトが生じます。

他方，株式型報酬（株式交付信託を除く）の場合，報酬として株式又は新株予約権を交付・付与することとなるため，キャッシュアウトが生じる余地はなく，企業はキャッシュポジションを維持することが可能となります。

なお，株式交付信託の場合には，信託が取得する株式の購入資金を準備しなければならないため，キャッシュアウトが生じます。

(2) 役職員サイド

役職員は，インセンティブ報酬の支給を受けた場合には，これに係る源泉所得税を負担しなければなりません。特に，報酬として現物株式（RS，RSU，PS，PSU等）が交付される場合，当該報酬に係る源泉所得税に相当するキャッシュをどのように準備するか検討する必要があります。

具体的には，源泉所得税を徴収されるタイミングで，交付された株式の一部を売却するか，あるいは，役職員自ら源泉所得税相当額のキャッシュを準備する等の対応が求められます。なお，RSU，PSU及び株式交付信託の場合には，株式に加え金銭を支給する報酬プランを設計することができるため，上記納税資金の問題を解消することが可能となります。

上記の他，通常型SO（税制適格SO）を付与された場合には，権利行使によって株式を取得する際に，役職員は権利行使価額に相当する金銭を拠出しなければならない点にも留意する必要があります。

インセンティブ報酬支給に係るキャッシュアウトのポイント

【ポイント1】

企業は，株式型報酬（株式交付信託を除く）を支給する場合，キャッシュアウトは生じません。

【ポイント2】

役職員は，株式型報酬を受給した場合，企業から源泉徴収される所得税相当の納税資金をどのように準備するか検討しなければなりません。

また，通常型SOを付与された場合には，株式を取得する際に権利行使価額相当の金銭を自ら拠出しなければなりません。

5　ダイリューションの有無（資本構成への影響）

株式型報酬は，報酬として役職員に株式が交付される，又は，新株予約権が付与されることから，当該交付又は付与を行った企業の発行済株式総数や資本構成に影響が生じます。これにより，既存株主の持株割合が希薄化するといった問題が生じます。

他方，金銭型報酬は，株式ではなく金銭を報酬として支給するため，上記希薄化の問題が生じることはありません。

●●●図表Ⅲ－15　報酬プラン別ダイリューションの発生有無

ダイリューションなし	ダイリューションあり	
金銭	新株予約権	株式
パフォーマンス・キャッシュ ファントム・ストック SAR	通常型SO（税制適格SO） 株式報酬型SO（１円SO）	RS（譲渡制限付株式） PS（譲渡制限付株式） RSU PSU 株式交付信託

6　インサイダー取引規制への対応

(1)　企業が役員へ株式を交付する場合のインサイダー規制

上場会社等が自己株式の処分により役員に有償で株式を交付する行為は，金融商品取引法に定められるインサイダー取引規制の「売買等」に該当します。

また，同法においては，インサイダー取引を間接的に防止する観点から，「売買報告義務」及び「短期売買利益提供義務」が規定されており，役員は上場会社等から自己株式を取得した場合，原則として，これら義務を負わなければなりません。

ただし，内閣府令において，「新株予約権の権利行使によって取得する株式」や「株式報酬（現物出資型）として交付される株式」については，上記義務はいずれも適用除外とされています。

なお，自己株式の処分ではなく，新株発行による株式交付の場合には，そもそもインサイダー取引規制の「売買等」には該当しないため，上記義務はいずれも生じません。

【売買報告義務】

役員が上場会社等から自己株式の処分により有償で株式交付を受けた場合には，その交付を受けた日の属する月の翌月15日までに，その取引に関する売買報告書を内閣総理大臣に提出しなければなりません。

【短期売買利益提供義務】

例えば，上場会社等が役員に毎年株式の割当を行う場合，株式の割当日から前後６か月以内に，当該役員が既に交付されている株式を売却して得た利益については，会社は役員に当該利益の返還を求めることができます。また，一定の場合には，株主が当該利益の返還を請求することが認められます。

(2)　役職員が交付を受けた株式を売却する場合のインサイダー規制

インサイダー取引規制により，上場会社等の未公表の重要事実等を知る企業関係者は，その公表前に当該上場会社等が発行する株式等を売買することが禁止されています。

例えば，株式報酬型SO（1円SO）では権利行使によって株式を取得した時，RSでは譲渡制限が解除された時において，それぞれ課税が生じる（企業から所得税を源泉徴収される）ため，役職員は当該課税に見合う納税資金を確保しておく必要があります。納税資金を確保する手段としては，保有する株式の一部売却が挙げられます。

ただし，インサイダー取引規制により保有株式を売却できない事態が生じる可能性も想定されるため，前もってこれに備えた対応が必要であると考えられます。

対応1：「知る前契約・計画」の活用

「知る前契約・計画」とは，未公表の重要事実等を知る前に，売買の期日，期日ごとの売買の数量や総額その他必要な事項を予め定めておく手続きをいいます。具体的には，下記要件を満たす必要があります。

<「知る前契約・計画」の要件>

① 未公表の重要事実を知る前に作成した契約・計画に基づく売買であること。
② 未公表の重要事実を知る前に契約・計画の写しを証券会社に提出していること。
③ 契約・計画上，売買の対象銘柄，売買の別，売買の期日，期日毎の売買の数量又は総額が特定されているか，期日・数量等を決定する裁量の余地がない方式が定められていること。

これにより，その後，仮に重要な事実を知りうる結果になったとしても，インサイダー取引規制に抵触することなく，「知る前契約・計画」に定められたとおり株式を売却すれば資金を確保することができます。

対応2：企業から役職員への金銭貸付け

「知る前契約・計画」を活用する場合には，上述したとおり，事前に株式の売買期日や売却数・売却額等を特定する必要があります。

ただし，SOについては，RSとは異なり，権利行使（＝株式取得）のタイミングは役職員の自由意志に委ねられているため，株式を売却する期日や売却数・売却額等の条件を事前に特定することが実務的に困難であると思われます。

また，仮に，これら条件を事前に特定した場合には，ストック・オプションの権利行使が制約される（権利行使の自由度が損なわれる）ため，報酬プランの設計上，十分なインセンティブ効果を期待できなくなる可能性も危惧されます。

したがって，「知る前契約・計画」を活用することが現実的ではないということであれば，次善の策として，「企業から役職員に対する金銭の貸付け」が想定されます。

なお，当該貸付けは，関連当事者取引に該当すること，及び，貸付先が役員である場合には利益相反取引に該当すること等から，適正な貸付条件を設定する必要がある点に留意する必要があります。また，企業側としては，その貸付債権が確実に回収されるよう，適切な対応が求められます。

実務的な対応としては，まず，SOの権利行使直後から株式売却に至るまでの一連の取引において，インサイダー取引を指摘される恐れがないスケジュールを組み立てることが可能であるか否かを検討する必要があると考えられます。

スケジュールの組み立てが可能である場合，権利行使（株式取得）時から株式売却時までの間に未公表の重要事実等を知り得ることがないよう，万が一に備えて，株式売却は権利行使後直ちに実行されることが望ましいと考えられます。

インサイダー取引規制に抵触する可能性を排除できないということであれば，いったん，株式売却は見送らざるを得ないと考えられます。この場合，役職員は自ら納税資金を確保できなければ，企業から金銭を借り入れて納税資金を調達するといった対応が想定されます。

7　開示への対応（会社法，金商法）

インセンティブ報酬として，新株予約権を付与する場合，又は，株式を交付する場合には，金融商品取引法及び会社法の規定により一定の情報を開示しなければならないこととされています。

ここでは，開示に係る基礎的な取扱いについて，ポイントを絞って解説いたします（詳細については，**第4章「5　開示上の取扱い」**を参照ください）。

(1)　金融商品取引法における開示（主に有価証券届出書等の提出について）

上場企業は，発行価額が1億円以上の有価証券を募集（新たに発行される有価証券の取得の申込みの勧誘）又は売出し（既に発行された有価証券の売付けの申込み又はその買付けの申込みの勧誘）をする場合には，有価証券届出書又は有価証券通知書を提出しなければなりません。

ただし，譲渡制限が付されているSOについては，当該SO発行企業及びその子会社の取締役等（取締役，会計参与，監査役，執行役又は使用人）を相手方として募集するものである場合には，有価証券届出書等の提出は不要とされ，臨時報告書を提出することとされています。

また，次に掲げる全ての条件を満たす譲渡制限付株式の募集又は売出しについても，上記SOと同様，有価証券届出書等の提出は不要であり，臨時報告書を提出することとされています。

・交付対象者が発行会社等の役員等に限られていること。

・発行する株式に一定の譲渡制限期間が設けられていること。

(2)　会社法における開示

会社法では，上場企業等，有価証券報告書の提出会社の役員に対する報酬等について，各種の開示が求められています。具体的には，役員の区分（取締役，監査等委員，監査役，執行役，社外取締役・監査役等）ごとに，報酬等の総額，報酬等の種類別（基本報酬，ストック・オプション，賞与及び退職金等の区分別）の総額，報酬等の支給対象となる役員の数を開示しなければならないこととされています。

また，役員報酬等の算定方法に係る決定方針や，報酬等の総額が1億円以上の役員については各人ごとに報酬額を開示しなければなりません。

8　労働法への対応（非金銭型報酬の賃金該当性）

従業員に新株予約権（SO）を付与する場合，又は，株式を交付する場合には，労働法の制約を受けることとなり，取締役とは異なる問題が生じる点に留意する必要があります。

具体的には，労働基準法第24条に規定される「賃金通貨払いの原則」に抵触する可能性を検討しなければなりません。同法では，賃金は「通貨で，直接労働者に，その全額を支払わなければならない」とされ，また，賃金とは「賃金，給料，手当，賞与その他名称の如何を問わず，労働の対償として使用者が労働者に支払う全てのものをいう」と定められています。

新株予約権を従業員に付与する場合，当該新株予約権が賃金に該当すると判断されれば，賃金通貨払いの原則に抵触する恐れがあります。ただし，実務上，従業員に対する新株予約権（SO）の付与は，当該付与及び権利行使並びに株式売却といった一連の取引から稼得される利益であり，労働の対価である賃金には該当しないと一般的には解されています。

なお，通貨払いの給与等を減額して，その見返りに新株予約権を付与する行為は，賃金通貨払いの原則に抵触すると考えられるため，留意する必要があります。

また，株式を従業員に交付する場合においても，上記と同様，賃金通貨払いの原則が問題となり得ます。現物株式を報酬として交付する場合には，企業から従業員に金銭報酬債権（報酬債権）を付与し，それを現物出資させて株式を交付するという手続きを経ることとなります。

金銭報酬債権及び株式は，労働基準法において，「通貨」には該当せず，また，特段の例外措置は設けられていないため，当該金銭報酬債権及び株式が同法に定められる「賃金」に該当する場合には，賃金通貨払いの原則に違反すると考えられます。

この点については，2008年11月17日付の新たな自社株式保有スキーム検討会により取りまとめられた「新たな自社株式保有スキームに関する報告書」における考え方に基づいて，これらを「賃金」に該当しないと整理する解釈も一部見受けられるところです。

ただし，同報告書におけるスキームは信託を活用したものであり，現物株式を直接交付するケースに同報告書の考え方を準用することが妥当であるか否かについては疑義が残されています。今後，関連当局から明確なガイドラインが示されることが期待されます。

9　事務管理の煩雑性とコストの検討

株式や新株予約権（SO）を報酬として交付・付与する場合には，一定の事務管理とコストが発生する点に留意する必要があります。

具体的には，次頁の表のとおり，各報酬の種類に応じて，それぞれに掲げる事務管理やコストが生じます。

株式交付信託では，事務管理や運営を信託銀行へ包括的に委託するため，事務負担は軽くなりますが，相対的に多額のコスト（信託報酬や信託指図人報酬等）が生じます。

インセンティブ報酬の対象者の数が多く，その管理運営の事務負担が重いということであれば，これを大幅に削減する観点から，たとえ多額のコストを負担することになったとしても，一定のメリットは享受できると考えられます。

他方，RS，PS，RSU及びPSUについては，一定の事務管理負担は生じるものの，コスト負担は低く，導入のハードルはそれほど高くないと考えられます。

なお，SOについては，上述したRS等と同様，一定の事務管理負担が生じることに加え，留意すべき事項として，企業において費用計上すべき株式報酬費用を測定する観点から，付与するSOの公正価値を算定しなければならない点が挙げられます。

当該算定は，専門性が極めて高く，通常，企業自らが行うことは困難であることから，一般的には第三者評価機関に委託することとなり，その際，当該算定に係る専門家報酬が発生する点に留意する必要があります。

<table>
<tr><th colspan="3">報酬の種類</th><th>事務管理</th><th>コスト</th></tr>
<tr><td rowspan="2">新株予約権</td><td colspan="2">株式報酬型SO
（1円SO）</td><td rowspan="2">■報酬制度の設計
■SO公正価値評価
■報酬決議（役員の場合）
■SO発行決議（役員の場合）
■SO割当契約の締結
■発行したSOの管理
■権利行使や失効に係る手続き</td><td rowspan="2">SOの公正価値を算定しなければならず，当該算定に係るコスト（外部専門家報酬）が発生する。また，専用の管理口座に係る手数料が発生する。</td></tr>
<tr><td colspan="2">通常型SO
（税制適格SO）</td></tr>
<tr><td rowspan="5">株式</td><td rowspan="2">事前交付型</td><td>RS</td><td rowspan="2">■報酬制度の設計
■報酬決議（役員の場合）
■第三者割当決議
■株式割当契約の締結
■専用口座による株式の管理
■譲渡制限解除又は没収の手続き</td><td rowspan="4">第三者割当増資に係る登録免許税が発生する。また，専用の管理口座に係る手数料が発生する。他の報酬に比べて，コストの負担が相対的に軽い。</td></tr>
<tr><td>PS</td></tr>
<tr><td rowspan="3">事後交付型</td><td>RSU</td><td rowspan="2">■報酬制度の設計
■報酬決議（役員の場合）
■第三者割当決議
■株式割当契約の締結
■ユニット（ポイント）の管理</td></tr>
<tr><td>PSU</td></tr>
<tr><td>株式交付信託</td><td>■報酬制度の設計
■信託の設定
（信託銀行に包括的に事務管理を委託するため，事務管理負担が他の報酬に比べて相対的に軽い。）</td><td>信託の導入及び運営等に係るコストの負担が，他の報酬に比べて相対的に重い。</td></tr>
</table>

第4章

会計・税務・法務の取扱い

本章のポイント

インセンティブ報酬の導入に際しては，関連する規制（会計・税務・法務）が相互に関係してくるため，各規制のポイントを理解した上で，実務に及ぼす影響を総合的に検討する必要があります。

まず，各スキームの規制概要をイメージできるように，図表を用いて一覧で説明します。

次に，会計，税務，法務の専門的内容について要点を解説します。

最後に金融商品取引法及び会社法における開示上のポイントを説明します。

1 インセンティブ報酬スキームごとの概要

インセンティブ報酬は，業績条件の有無，役職員への交付財貨の種類，交付のタイミングによって，以下のように区分されます。

●●●図表Ⅳ－1 インセンティブ報酬スキームの概略

交付のタイミング	業績条件なし			業績条件あり		
	金銭	新株予約権	株式	金銭	新株予約権	株式
事前交付型	－	② 通常型SO（税制適格SO）株式報酬型SO（1円SO）	③ RS（譲渡制限付株式）	－	⑥ 通常型SO（税制適格SO）株式報酬型SO（1円SO）	⑦ PS（譲渡制限付株式）
事後交付型	① 年次賞与	－	④ RSU 株式交付信託	⑤ 年次業績賞与 パフォーマンス・キャッシュ ファントム・ストック SAR	－	⑧ PSU 株式交付信託

ここでは，役職員への交付財貨の種類（金銭，新株予約権，株式）ごとに，各スキームの会計，税務，法務のポイントを図表で説明し，**2** 以降で制度の詳細を説明します。

また，機関設計によって会社法の手続きが異なりますので，以下では監査役会設置会社を前提とします。

(1)　金銭型報酬（アミカケ部分）

交付のタイミング	業績条件なし			業績条件あり		
	金銭	新株予約権	株式	金銭	新株予約権	株式
事前交付型	－	② 通常型SO（税制適格SO）株式報酬型SO（１円SO）	③ RS（譲渡制限付株式）	－	⑥ 通常型SO（税制適格SO）株式報酬型SO（１円SO）	⑦ PS（譲渡制限付株式）
事後交付型	① 年次賞与	－	④ RSU 株式交付信託	⑤ 年次業績賞与 パフォーマンス・キャッシュ ファントム・ストック SAR	－	⑧ PSU 株式交付信託

①　年次賞与【金銭・業績条件なし・事後交付】⇒図表Ⅳ－１①に対応

●●●図表Ⅳ－２　年次賞与の手続きイメージ

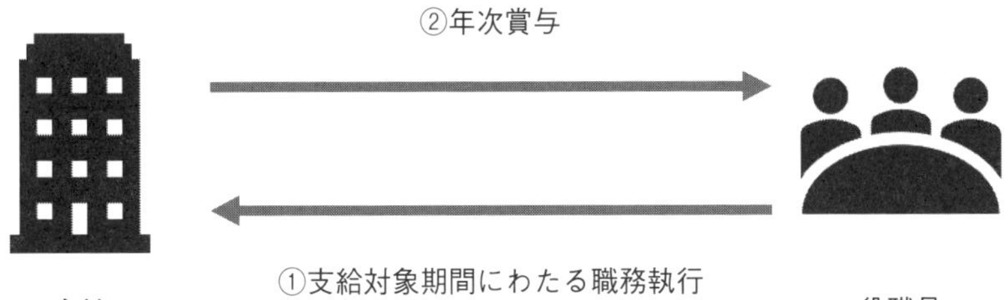

・役員に関しては，賞与を含む年間の報酬合計の上限枠を株主総会で定めます。
・取締役間における配分は取締役会に委任，もしくは取締役会から代表取締役に再委任します。

ここでは，年次賞与を月次報酬と並んで固定型報酬の１つとして位置付けています。

●●●図表Ⅳ－３　年次賞与の会計，税務，法務のポイント

会計	税務		法務
	会社	役職員	
支給見込額を発生した期間の費用として計上します。	「事前確定届出給与」の要件を満たさない限り，損金不算入となります。	債務確定時に給与所得課税（最大税率55%）がなされます。	取締役に対する報酬枠上限を超える場合には，報酬に係る株主総会決議（会社法361）が必要になります。

② 年次業績賞与，パフォーマンス・キャッシュ，ファントム・ストック及びSAR 【金銭，業績条件あり，事後交付】⇒図表Ⅳ－１⑤に対応

●●●図表Ⅳ－４　年次業績賞与，パフォーマンス・キャッシュ，ファントム・ストック，SARの手続きイメージ

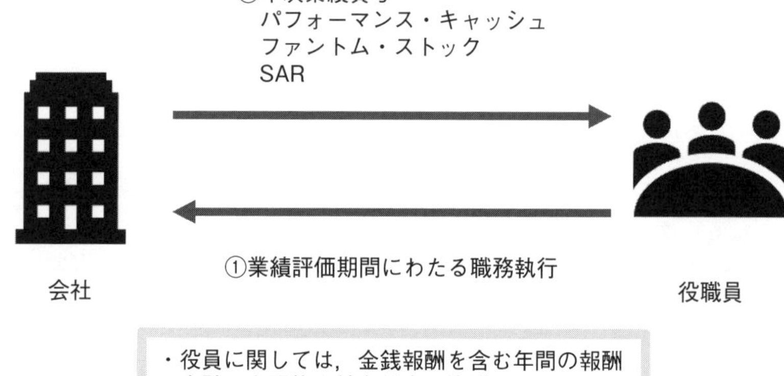

・役員に関しては，金銭報酬を含む年間の報酬合計の上限枠を株主総会で決議します。
・役員報酬に係る具体的な算定方法を株主総会で決議することがあります。

年次業績賞与は，単年度における役職員の業績評価（パフォーマンス）に応じて報酬額が変動する報酬スキームです。

パフォーマンス・キャッシュは，役職員に対し，複数年の業績結果に応じて，報酬として金銭を支給する報酬スキームです。

●●●図表Ⅳ－5　パフォーマンス・キャッシュのイメージ

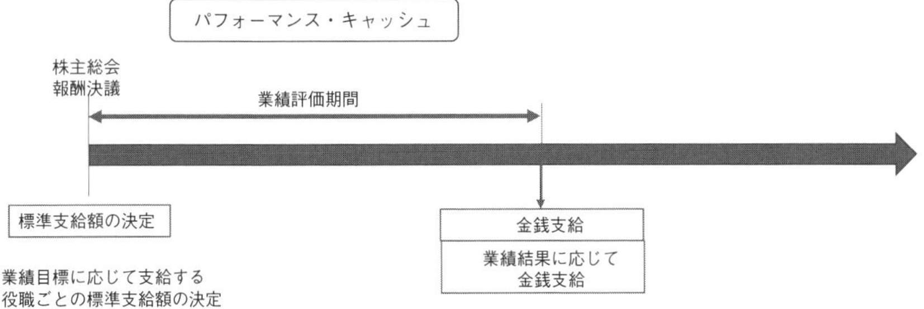

ファントム・ストックは，役職員に対し，現実には交付しない仮想株式をユニット（ポイント）と呼ばれる単位で付与し，業績評価期間経過後に権利行使した時点における株価相当額の金銭を支給する報酬スキームです。当該業績評価期間中に配当された額に相当する金銭を合わせて支給する場合もあります。

SARは，役職員に対し，現実には付与しない仮想のSOをユニット（ポイント）と呼ばれる単位で付与し，業績評価期間経過後に権利行使した時点における株価の値上がり益（権利行使時の株価とユニット付与時の株価の差額）相当額の金銭を支給する報酬スキームです。

●●●図表Ⅳ－6　ファントム・ストック，SARのイメージ

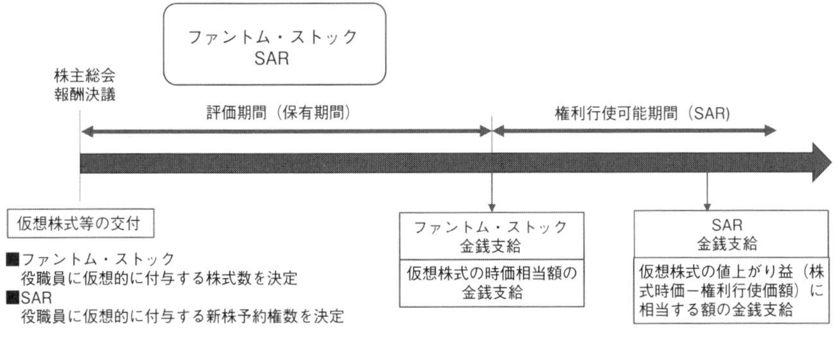

●●●図表Ⅳ－7　年次業績賞与，パフォーマンス・キャッシュ，ファントム・ストック，SARの会計，税務，法務のポイント

<table>
<tr><th rowspan="2">会計</th><th colspan="2">税務</th><th rowspan="2">法務</th></tr>
<tr><th>会社</th><th>役職員</th></tr>
<tr><td>【年次業績賞与】
支給見積額を発生した期間の費用として計上します。</td><td rowspan="4">「業績連動給与」の要件を満たした場合，金銭支給時に支給額が損金算入されます。</td><td>【ボーナスプラン】
金銭支給時に支給額に対して，給与所得課税（最大税率55％）がなされます。</td><td rowspan="4">■取締役に対する報酬枠上限を超える場合には，報酬に係る株主総会決議（会社法361）が必要になります。
■報酬に係る具体的な算定方法を決議（会社法361）する場合があります。</td></tr>
<tr><td>【パフォーマンス・キャッシュ】
支給見積額を業績評価期間に応じて費用として計上します。</td><td rowspan="3">【ボーナスプラン】
金銭支給時に支給額に対して，給与所得課税（最大税率55％）がなされます。
【退職金プラン】
金銭支給時に支給額に対して，退職所得課税がなされ，総合課税（給与所得課税等）で適用される累進税率（最大55％）の約１/２相当の税負担とされます。</td></tr>
<tr><td>【ファントム・ストック】
各期末日の株価に仮想交付株式数を乗じた金額を業績評価期間に応じて費用として計上します。</td></tr>
<tr><td>【SAR】
（期末株価－仮想行使価格）に仮想交付株式数を乗じた金額を業績評価期間に応じて費用として計上します。</td></tr>
</table>

⑵　株式型報酬（新株予約権の付与）（アミカケ）

交付のタイミング	業績条件なし			業績条件あり		
	金銭	新株予約権	株式	金銭	新株予約権	株式
事前交付型	－	② 通常型SO（税制適格SO）株式報酬型SO（１円SO）	③ RS（譲渡制限付株式）	－	⑥ 通常型SO（税制適格SO）株式報酬型SO（１円SO）	⑦ PS（譲渡制限付株式）
事後交付型	① 年次賞与	－	④ RSU 株式交付信託	⑤ 年次業績賞与 パフォーマンス・キャッシュ ファントム・ストック SAR	－	⑧ PSU 株式交付信託

①　通常型SO（税制適格SO），株式報酬型SO（1円SO）【新株予約権・業績条件なし・事前交付】⇒図表Ⅳ－1②に対応

図表Ⅳ－8　SOの手続きイメージ

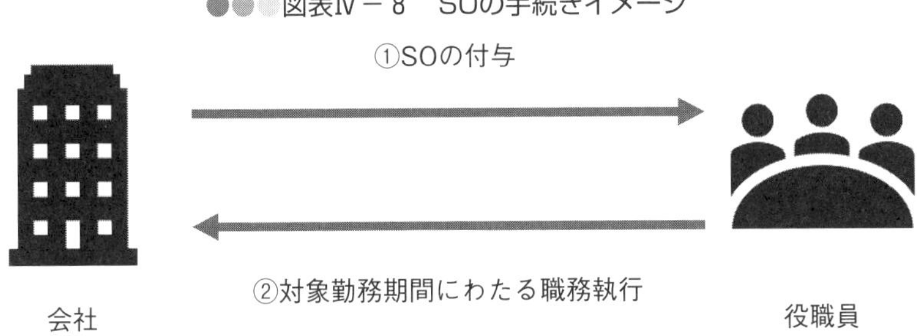

・SOの価値と将来の職務執行は等価と考えられます。
・役員へのSO付与は，役員報酬決議として株主総会決議の対象になります。
・役職員へのSO発行決議が必要となります。

SOとは，企業が役職員に対し，将来の職務執行の対価として予め定められた価額（権利行使価額）で自社の株式を取得できる権利（新株予約権）を付与するものです。役職員は，その付与されたSOを権利行使して自社の株式を取得し，当該株式を売却することにより経済的利益（キャピタルゲイン）を得ることができます。

SOは，将来の職務執行の対価として付与されるものであるため，SO付与時においては金銭の払込みを要しません。

なお，SOについては従来，権利行使価額を0円とすることが認められていませんでしたが，2021年3月施行の改正会社法により，上場会社が取締役に対し報酬として新株予約権を発行する場合に限り権利行使価額を0円とすることが認められています（従業員に対して権利行使価額を0円とするSOの発行は依然として認められていません）。ただし，実務上，権利行使価額を0円とするSOの発行事例は少ないことから，本書ではその説明を割愛します。

(イ) 通常型SO（税制適格SO）

通常型SOは，在籍（賞与）型プラン（ボーナス・プラン）として活用され，役職員が優遇税制の適用を受けられるよう，税制適格要件を充足する形で設計・付与されることが一般的です。当該税制適格要件を充足したSOを「税制適格SO」といいます。

●●●図表Ⅳ－9　通常型SOの会計・税務イメージ

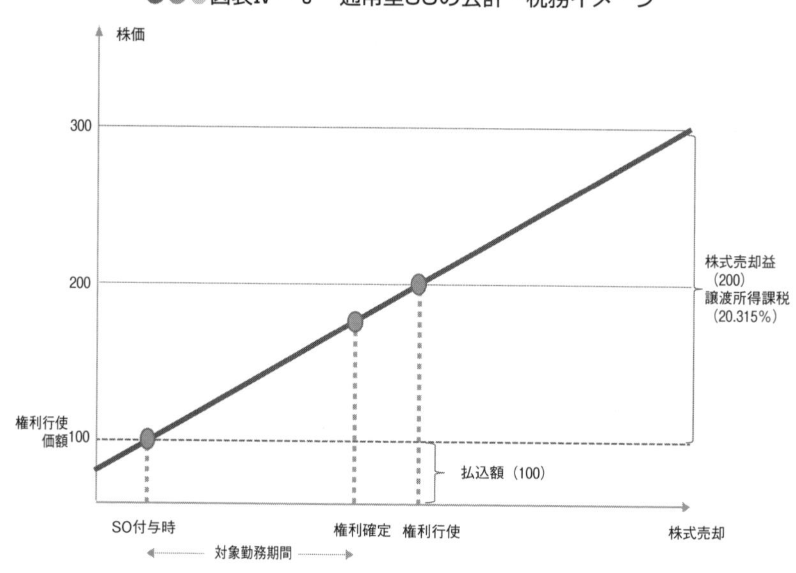

役職員	会社への資金拠出	権利行使価額の払込
役職員	税務	譲渡所得課税
会社	税務	会計上の株式報酬費用損金不算入
会社	会計	SO付与時の公正価値を対象勤務期間に基づき費用計上

●●●図表Ⅳ－10　通常型SOの会計，税務，法務のポイント

会計	税務		法務
	会社	役職員	
SO付与時の公正価値を，対象勤務期間（付与時から権利確定時（SOを行使する権利が確定した時））に基づき，「株式報酬費用」として費用計上します。	会計上計上した「株式報酬費用」は損金不算入（永久差異）	■権利行使時 課税関係が発生しません。 ■株式売却時 株式売却時に売却時の株価と権利行使価額の差額に対して，譲渡所得課税（税率20.315%）がなされます。	■取締役に対するSOの付与につき報酬に係る株主総会決議（会社法361）が必要となります。 ■新株予約権の発行は，公開会社では有利発行に該当しない限り，取締役会決議で決定します（会社法238①②，240①）。

㈺　株式報酬型SO（１円SO）

株式報酬型SOは，権利行使価額が１円とされることから，「１円SO」と呼ばれます。

2019年の会社法改正まで，権利行使価額を０円とすることは認められていなかったため，権利行使価額を１円と定めることにより会社法の規定に抵触せず，実質的に「フルバリュー型（株価相当額）」のインセンティブ報酬を導入することが可能となっていました。

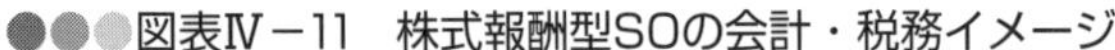
図表Ⅳ－11　株式報酬型SOの会計・税務イメージ

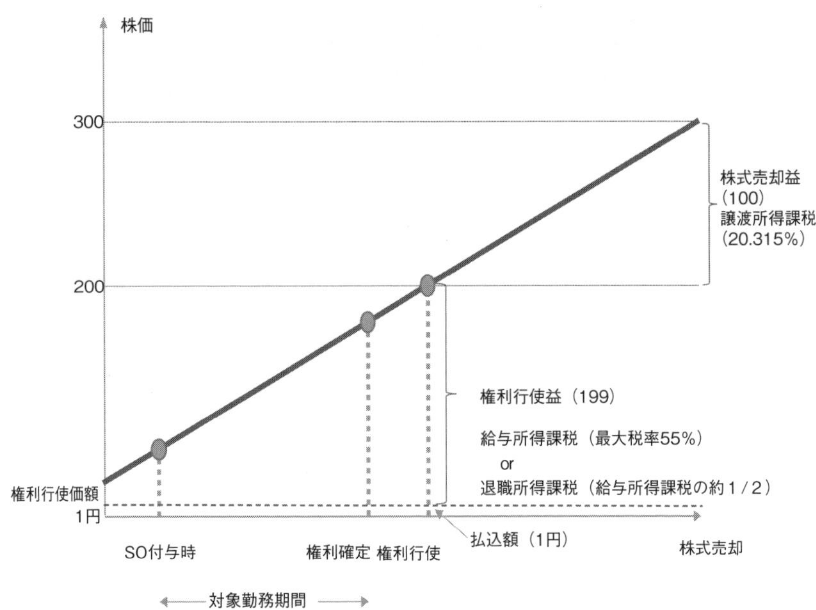

役職員	会社への資金拠出		権利行使価額（1円）の払込	
	税務		給与所得課税 or 退職所得課税	譲渡所得課税
会社	税務		会計上の株式報酬費用損金算入	
	会計	SO付与時の公正価値を対象勤務期間に基づき費用計上（※）		

（※）退職金プランとして用いられる場合，通常は権利確定条件が定められないため，SO付与時の公正価値を付与日に一括費用計上します。

●●●図表Ⅳ－12　株式報酬型SOの会計，税務，法務のポイント

会計	税務		法務
	会社	役職員	
■原則的には，SO付与時の公正価値を，対象勤務期間（付与時から権利確定時（SOを行使する権利が確定した時））に基づき，「株式報酬費用」として費用計上します。 ■退職金プランとして用いる場合は，通常，権利確定条件が定められないため，例外的に，付与時に一括費用計上します。 ■通常型SOと比較した場合，株式報酬型SOは権利行使価額が1円であるため，付与時の公正価値は高いものとなり，費用計上額が大きくなると考えられます。	【ボーナスプラン】 「事前確定届出給与」の要件を満たした場合，会計上計上した「株式報酬費用」が権利行使時に損金算入されます。 【退職金プラン】 会計上計上した「株式報酬費用」が権利行使時に損金算入されます。	■権利行使時 【ボーナスプラン】 権利行使時に行使時の株価と権利行使価額（1円）の差額に対して，給与所得課税（最大税率55%）がなされます。 【退職金プラン】 権利行使時に行使時の株価と権利行使価額（1円）の差額に対して，退職所得課税がなされ，総合課税（給与所得課税等）で適用される累進税率（最大55%）の約1／2相当の税負担とされます。 ■株式売却時 売却時の株価と権利行使時の株価の差額に対して，譲渡所得課税（税率20.315%）がなされます。	■取締役に対するSOの付与につき報酬に係る株主総会決議（会社法361）が必要となります。 ■新株予約権の発行は，公開会社では有利発行に該当しない限り，取締役会決議で決定します（会社法238①②，240①）。

②　通常型SO（税制適格SO）及び株式報酬型SO（1円SO）

【新株予約権・業績条件あり・事前交付】⇒図表Ⅳ－1⑥に対応

業績条件なしの場合と基本的には同様ですが，株式報酬型SO（1円SO）については税務上の損金算入要件が異なります。

(イ)　**通常型SO（税制適格SO）**

業績条件なしの場合と同様です。

(ロ)　**株式報酬型SO（1円SO）**

●●●図表Ⅳ－13　株式報酬型SO（業績条件あり）の会計，税務，法務のポイント

業績条件なしの場合と税務上の損金算入要件が異なります。

会計	税務		法務
	会社	役職員	
業績条件なしの場合と同様です。	【ボーナスプラン】及び【退職金プラン】のいずれの場合も，「業績連動給与」の要件を満たした場合，会計上計上した「株式報酬費用」が権利行使時に損金算入されます。	業績条件なしの場合と同様です。	業績条件なしの場合と同様です。

⑶ 株式型報酬（株式の交付）（アミカケ）

報酬として株式を交付する場合，従来は役職員に金銭報酬債権を付与し，役職員はそれを現物出資することにより会社が株式を交付する手続き（現物出資方式）が取られていましたが，改正会社法において，上場会社が取締役の報酬として株式を発行する場合には，金銭の払込みを要しないこと（無償交付）が認められています。

よって，現行会社法においては，取締役に対して報酬として株式を交付する方法として現物出資方式と無償交付の両方が認められていることになりますが，実務上は依然として現物出資方式を採用するケースが多いことから，ここでは現物出資方式を中心に説明します。なお，無償交付が認められるのは取締役と執行役に限られ，執行役員・従業員には無償交付が認められていないため留意が必要です。

交付のタイミング	業績条件なし			業績条件あり		
	金銭	新株予約権	株式	金銭	新株予約権	株式
事前交付型	－	② 通常型SO（税制適格SO）株式報酬型SO（１円SO）	③ RS（譲渡制限付株式）	－	⑥ 通常型SO（税制適格SO）株式報酬型SO（１円SO）	⑦ PS（譲渡制限付株式）
事後交付型	① 年次賞与	－	④ RSU 株式交付信託	⑤ 年次業績賞与 パフォーマンス・キャッシュ ファントム・ストック SAR	－	⑧ PSU 株式交付信託

①　RS【株式・業績条件なし・事前交付】⇒図表Ⅳ－1③に対応

図表Ⅳ－14　RSの手続きイメージ

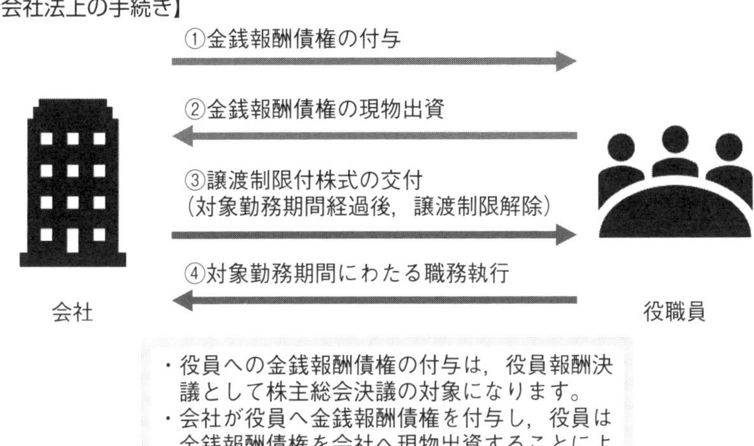

・役員への金銭報酬債権の付与は，役員報酬決議として株主総会決議の対象になります。
・会社が役員へ金銭報酬債権を付与し，役員は金銭報酬債権を会社へ現物出資することにより，会社が役員へ株式を交付するという手続きをとることになります。

RSは，企業が役職員に対し，将来の職務執行の対価として，一定の期間継続して勤務することを条件に株式を事前交付する報酬スキームです。当該条件を達成する前に当該達成を見込んで株式が交付されることから，当該株式には一定期間の譲渡制限が付されます。

RSと報酬関係にある職務執行の期間を「対象勤務期間」，譲渡制限が課される一定期間を「譲渡制限期間」，譲渡制限が付された株式を「譲渡制限付株式」といいます。

図表Ⅳ－15　RSの会計・税務イメージ

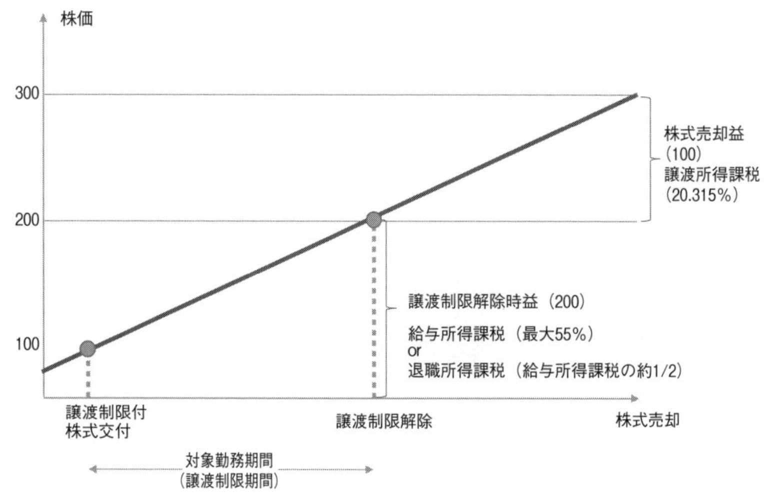

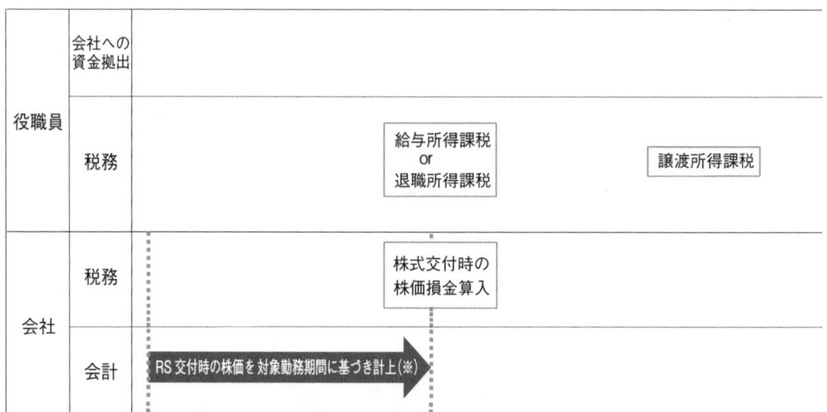

（※）対象勤務期間と譲渡制限期間が一致するケースでは，譲渡制限期間に基づき費用計上することになります。譲渡制限期間と対象勤務期間が相違するときは，対象勤務期間に基づき費用計上することになります。

例えば退職金型のRSで散見される譲渡制限期間は30年で，対象勤務期間が１年のケースでは，１年で費用計上します。

●●●図表Ⅳ－16　RSの会計，税務，法務のポイント

会計	税務		法務
	会社	役職員	
■株式交付時の公正な評価額（交付時の株価）を対象勤務期間に基づき「株式報酬費用」として費用計上します。 ■ボーナスプランとして用いる場合には，対象勤務期間と譲渡制限期間が一致する設計（例えば3年）が見られます。こうしたケースでは，初年度に複数年度分をまとめて譲渡制限付株式が交付され，譲渡制限期間に基づき費用計上します。 ■退職金プランとして用いる場合には，譲渡制限期間が長く（30年），対象勤務期間が短い（1年）設計が見られます【※】。こうしたケースでは，対象勤務期間（1年）に基づき費用計上します。	「事前確定届出給与」の要件を満たした場合，特定譲渡制限付株式の交付につき給付等された債権の額が給与等課税額が確定した時に損金算入されます。	■譲渡制限解除時 【ボーナスプラン】 譲渡制限解除時の株価に対して，給与所得課税（最大税率55％）がなされます。 【退職金プラン】 譲渡制限解除時の株価に対して，退職所得課税がなされ，総合課税（給与所得課税等）で適用される累進税率（最大55％）の約1／2相当の税負担とされます。 ■株式売却時 売却時の株価と譲渡制限解除時の株価の差額に対して，譲渡所得課税（税率20.315％）がなされます。	■取締役に対する金銭報酬債権の付与につき，報酬に係る株主総会決議（会社法361）が必要となります。 ■役員が会社から付与された金銭報酬債権を，役員が会社へ現物出資財産（会社法199①三）として払い込むことにより，株式の発行（第三者割当増資）が行われます。なお，公開会社では有利発行に該当しない限り，取締役会決議で決定します（会社法199③，201）。

【※】譲渡制限期間は30年ですが，株式付与から1年経過後に任期満了等による事由が正当な理由と認められ，付与された株式の譲渡制限が解除される場合は，対象勤務期間を1年として考えます。

② RSU，株式交付信託【株式・業績条件なし・事後交付】⇒図表Ⅳ－1④に対応

(イ) RSU

●●●図表Ⅳ－17　RSUの手続きイメージ

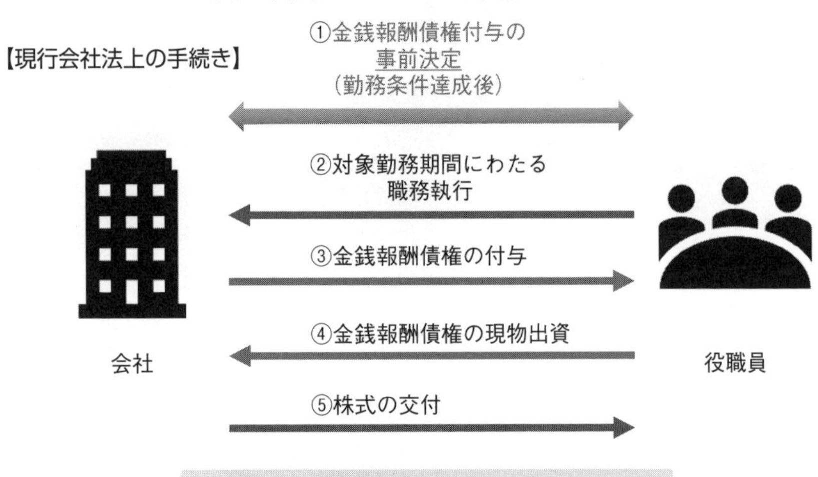

・役員への金銭報酬債権付与の事前決定は，役員報酬決議として株主総会決議の対象になります。
・対象勤務期間経過後（勤務条件達成後）に，会社が役員へ金銭報酬債権を付与し，役員は金銭報酬債権を会社へ現物出資することにより，会社が役員へ株式を交付するという手続きをとります。

RSUは，RSとは異なり，一定の対象勤務期間を経過した後（勤務条件達成後）に，企業が役職員に株式を事後的に交付する報酬スキームです。

実務運用上，企業は役職員に対してユニット（ポイント）と呼ばれる一定の単位を付与し，対象勤務期間経過後に当該ユニット（ポイント）の累積数に応じた株式を役職員に交付します。

図表Ⅳ－18　RSUの会計・税務イメージ

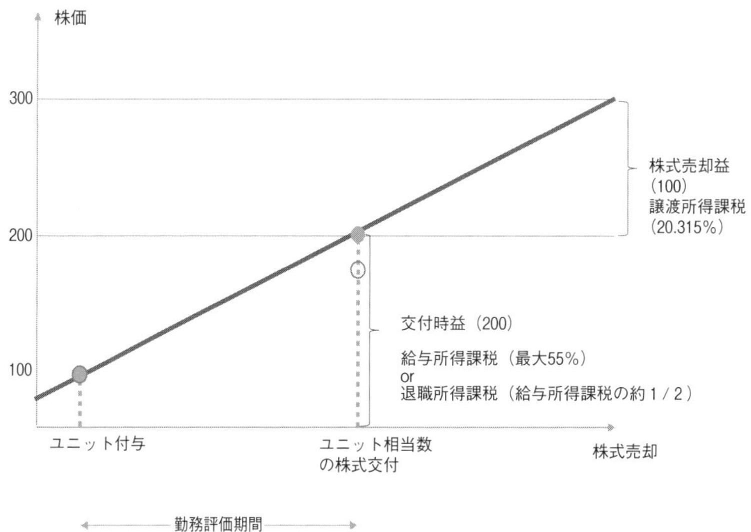

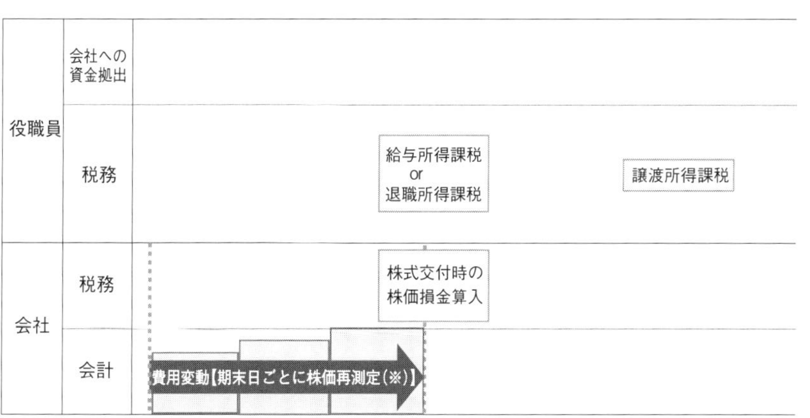

（※）　費用計上確定額＝株式交付時の株価×交付株式数
各会計期間の費用計上額は，各期末日の株価で再測定します（費用計上額が株価により毎期変動する）。

●●●図表Ⅳ－19　RSUの会計，税務，法務のポイント

会計	税務		法務
	会社	役職員	
費用計上（確定）額は，対象勤務期間経過後（勤務条件達成後）における株式交付時の公正な評価額（交付時の株価）です。 各会計期間の費用計上額（「株式報酬費用」）は各期末日の株価によって再測定することになります。したがって各期の費用計上額は変動することになります。	「事前確定届出給与」の要件を満たした場合，交付決議時価額が株式交付時に損金算入されます。	■株式交付時 【ボーナスプラン】 株式交付時の株価に対して，給与所得課税（最大税率55%）がなされます。 【退職金プラン】 株式交付時の株価に対して，退職所得課税がなされ，総合課税（給与所得課税等）で適用される累進税率（最大55%）の約1/2相当の税負担とされます。 ■株式売却時 売却時の株価と株式交付時の株価の差額に対して，譲渡所得課税（税率20.315%）がなされます。	■取締役に対する金銭報酬債権付与の事前決定につき，報酬に係る株主総会決議（会社法361）が必要となります。 ■役員が会社から付与された金銭報酬債権を，役員が会社へ現物出資財産（会社法199①三）として払い込むことにより，株式の発行（第三者割当増資）が行われます。なお，公開会社では有利発行に該当しない限り，取締役会決議で決定します（会社法199③，201）。

(ロ)　株式交付信託

●●●図表Ⅳ－20　株式交付信託の手続きイメージ

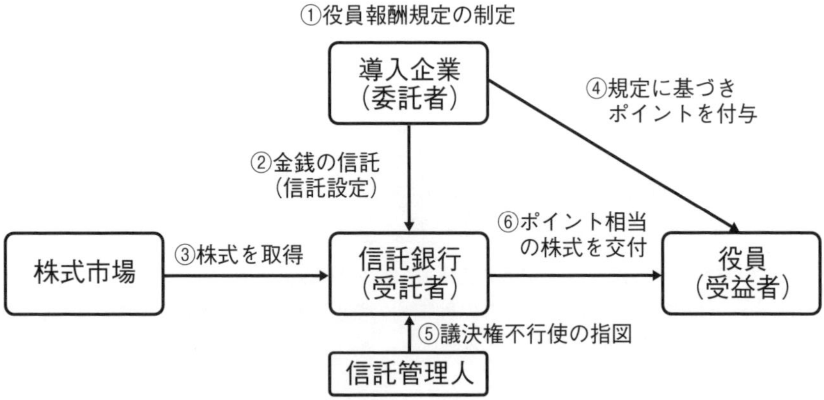

①役員報酬規定の制定

導入企業（委託者）

②金銭の信託（信託設定）

④規定に基づきポイントを付与

株式市場　→③株式を取得→　信託銀行（受託者）　→⑥ポイント相当の株式を交付→　役員（受益者）

信託管理人　→⑤議決権不行使の指図→　信託銀行（受託者）

株式交付信託は，信託を通じて役職員に株式を交付する報酬スキームであり，次の手続きを行います。

i　株主総会決議および役員報酬規程の制定

導入企業は，株主総会（※）において，役員に交付する株式報酬の総額等を決議する。また，取締役会（※）において，株式交付規程を決議します。

（※）指名委員会設置会社の場合は報酬委員会

ii　金銭の信託

導入企業は，信託銀行（受託者）と信託契約を締結し，当該信託契約に従って金銭を拠出し，受益者要件を満たす役員を受益者とする信託を設定します。信託設定時では受益者は存在しません。

iii　株式取得

受託者はiiで拠出した金銭を原資として株式を取得します。取得方法としては株式市場から取得する方法や，導入法人自身が保有する自己株式を取得する方法等があります。

iv　ポイント付与

信託期間中，役員には株式交付規程に基づき，勤務実績や業績達成度等に応じたポイントが付与されます。

v　議決権不行使の指図

信託管理人は信託内株式の議決権について不行使の指図を行います。

vi　株式の交付

受益者要件を満たす役員は，予め定めた一定の日（受益権確定日）に，累積したポイント数に応じた株式の保有を受ける権利（受益権）を取得し，株式の交付を受けます。この際，役員から徴収する源泉徴収税額に相当する納税資金を確保するために，株式の一部を株式市場で売却し，源泉徴収後の金銭が支給されることもあります。

●●●図表Ⅳ－21　株式交付信託の会計・税務イメージ

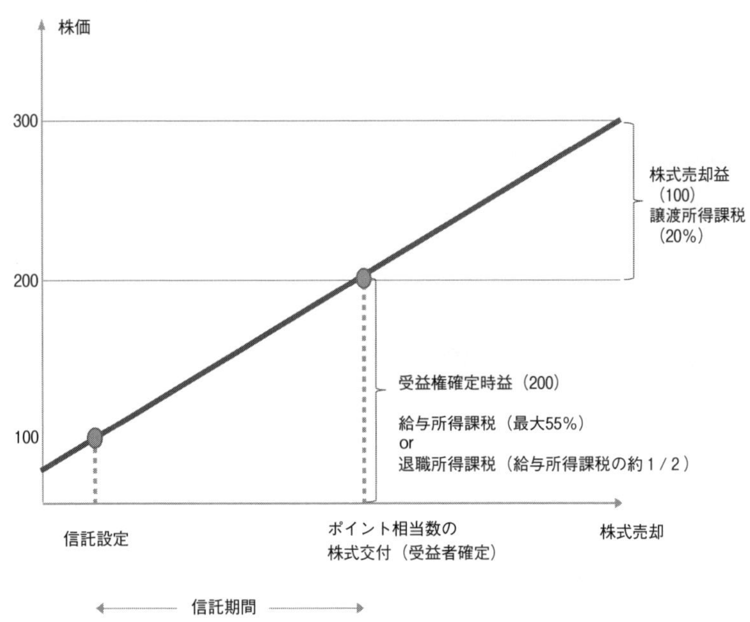

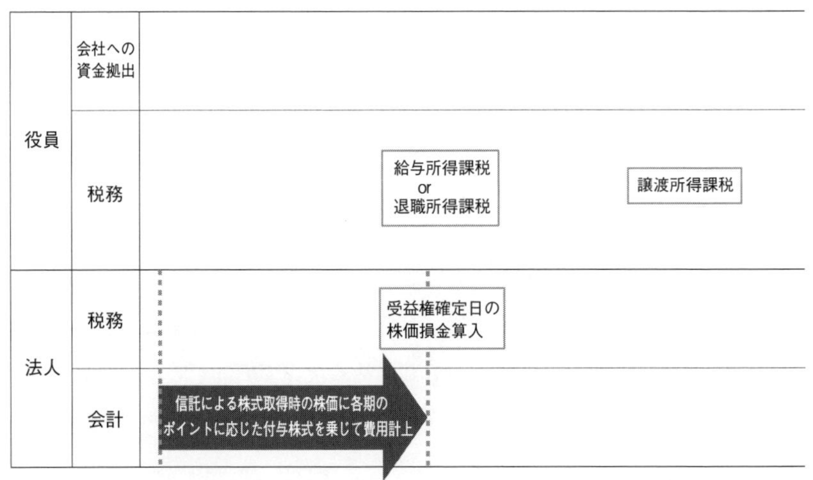

●●●図表Ⅳ－22　株式交付信託の会計，税務，法務のポイント

会計	税務		法務
	会社	役職員	
ポイント付与ごとに，信託による株式取得時の株価にポイントに応じた付与株式数を乗じた金額を「株式報酬費用」として計上します。	【ボーナスプラン】 「事前確定届出給与」の要件を満たした場合，交付決議時価額が株式交付時に損金算入されます。 【退職金プラン】 受益権確定時の株価が受益権確定時に損金算入されます。	■株式交付時 【ボーナスプラン】 受益権確定時の株価に対して，給与所得課税（最大税率55％）がなされます。 【退職金プラン】 受益権確定時の株価に対して，退職所得課税がなされ，総合課税（給与所得課税等）で適用される累進税率（最大55％）の約１／２相当の税負担とされます。 ■株式売却時 売却時の株価と受益権確定時の株価の差額に対して，譲渡所得課税（税率20.315％）がなされます。	■取締役に対する報酬に係る株主総会決議（会社法361）が必要になります。 ■株式交付規定を取締役会で決議します（会社法362）。

③ PS【株式・業績条件あり・事前交付】⇒図表Ⅳ－1⑦に対応

●●●図表Ⅳ－23　PSの手続きイメージ

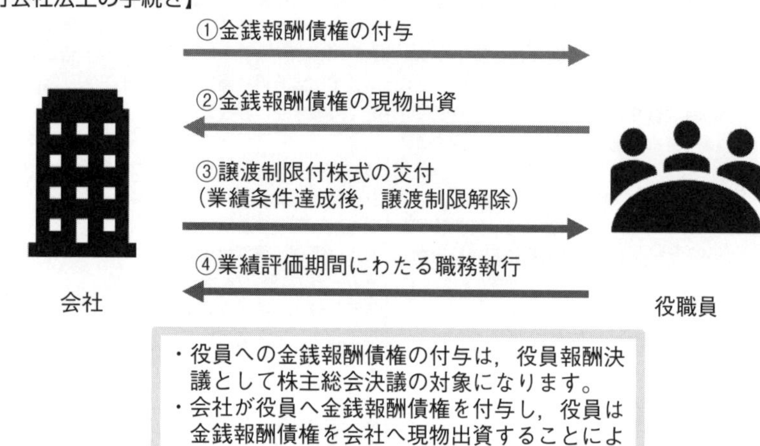
【現行会社法上の手続き】
①金銭報酬債権の付与
②金銭報酬債権の現物出資
③譲渡制限付株式の交付
（業績条件達成後，譲渡制限解除）
④業績評価期間にわたる職務執行
会社
役職員
・役員への金銭報酬債権の付与は，役員報酬決議として株主総会決議の対象になります。
・会社が役員へ金銭報酬債権を付与し，役員は金銭報酬債権を会社へ現物出資することにより，会社が役員へ株式を交付するという手続きをとることになります。

PSは，企業が役職員に対し，職務執行の対価として，一定の業績評価期間の開始時に譲渡制限付株式を交付し，当該業績評価期間を経過した後において，業績目標の達成度合いに応じ譲渡制限を解除する報酬スキームです。

図表Ⅳ－24　PSの会計・税務イメージ

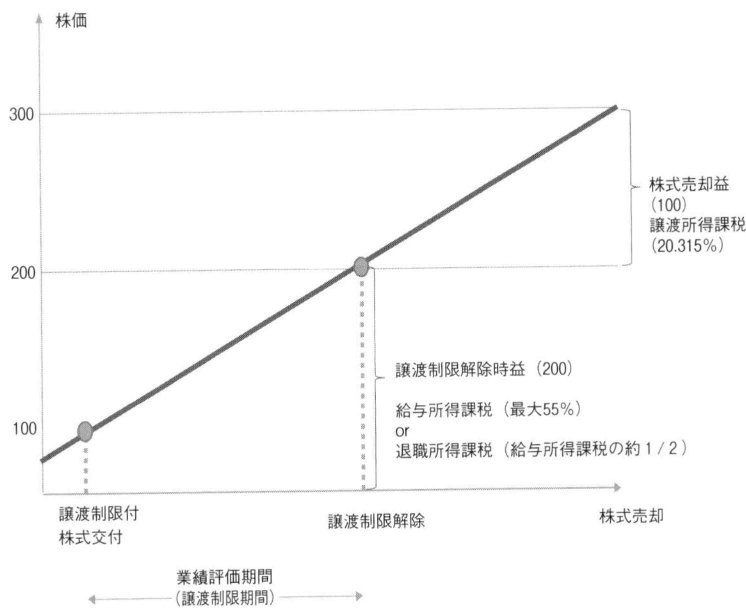

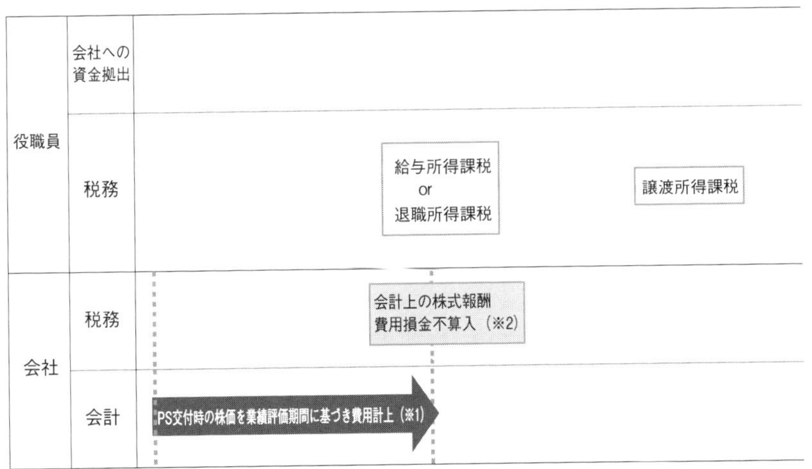

（※１）会計上の論点が未整備な状態です。
（※２）役員に対するものは損金不算入ですが，従業員に対するものは損金算入となります。

●●●図表Ⅳ－25　PSの会計，税務，法務のポイント

会計	税務		法務
	会社	役職員	
株式交付時の公正な評価額（交付時の株価）を，業績評価期間に基づき，「株式報酬費用」として費用計上します。 ただし，業績条件の達成が見込まれない場合の処理など，会計上の論点が未整備な状況です。	役員向けのものは，会計上計上した「株式報酬費用」が損金不算入となります。 一方，従業員向けのものは，会計上計上した「株式報酬費用」が損金算入となります。	■譲渡制限解除時 【ボーナスプラン】 譲渡制限解除時の株価に対して，給与所得課税（最大税率55%）がなされます。 【退職金プラン】 譲渡制限解除時の株価に対して，退職所得課税がなされ，総合課税（給与所得課税等）で適用される累進税率（最大55％）の約１／２相当の税負担とされます。 ■株式売却時 売却時の株価と譲渡制限解除時の株価の差額に対して，譲渡所得課税（税率20.315%）がなされます。	■取締役に対する金銭報酬債権の付与は，報酬に係る株主総会決議（会社法361）が必要となります。 ■役員が会社から付与された金銭報酬債権を，役員が会社へ現物出資財産（会社法199①三）として払い込むことにより，株式の発行（第三者割当増資）が行われます。なお，公開会社では有利発行に該当しない限り，取締役会決議で決定します（会社法199③，201）。

④　PSU，株式交付信託【株式・業績条件あり・事後交付】⇒図表Ⅳ－１⑧に対応

(イ)　ＰＳＵ

●●●図表Ⅳ－26　PSUの手続きイメージ

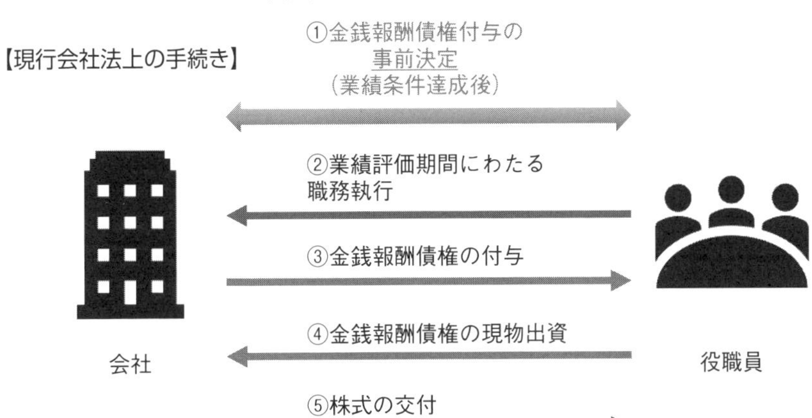

・役員への金銭報酬債権付与の事前決定は，役員報酬決議として株主総会決議の対象になります。
・業績条件達成後に，会社が役員へ金銭報酬債権を付与し，役員は金銭報酬債権を会社へ現物出資することにより，会社が役員へ株式を交付するという手続きをとることになります。

PSUは，企業が役職員に対し，職務執行の対価として，一定の業績評価期間を経過した後に業績目標の達成状況に応じて株式を事後的に交付する報酬スキームです。交付する株式の数は，事前交付されるPSとは異なり，業績目標の達成度合いに応じて事後的に決定されます。

図表Ⅳ－27　PSUの会計・税務イメージ

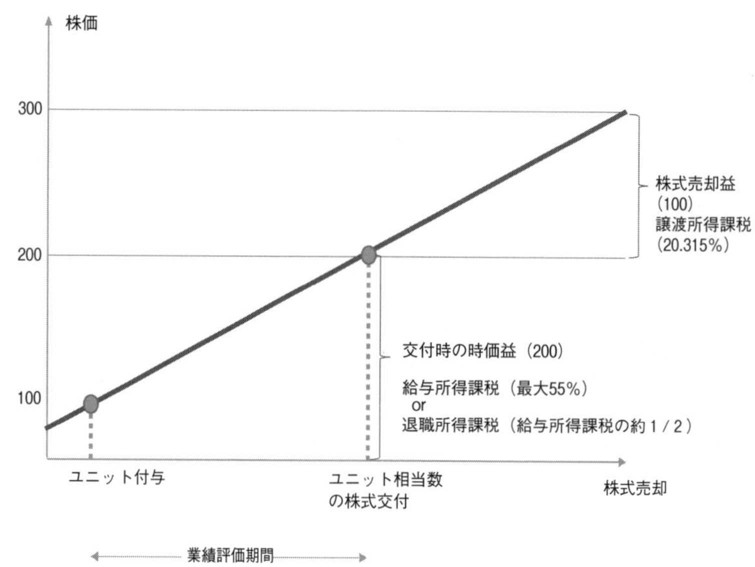

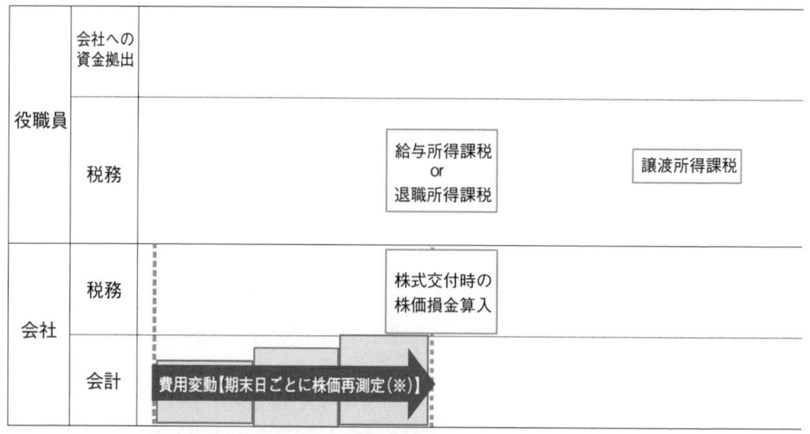

（※）　費用計上確定額＝株式交付時の株価×交付株式数
各会計期間の費用計上額は，各期末日の株価で再測定します（費用計上額が株価により毎期変動する）。

●●●図表Ⅳ－28　PSUの会計，税務，法務のポイント

会計	税務		法務
	会社	役職員	
費用計上（確定）額は，業績評価期間経過後（業績条件達成後）における株式交付時の公正な評価額（交付時の株価）です。 各会計期間の費用計上額（「株式報酬費用」）は各期末日の株価によって再測定することになります。したがって各期の費用計上額は変動することになります。	「業績連動給与」の要件を満たした場合，株式交付時の株価が株式交付時に損金算入されます。	■株式交付時 【ボーナスプラン】 株式交付時の株価に対して，給与所得課税（最大税率55％）がなされます。 【退職金プラン】 株式交付時の株価に対して，退職所得課税がなされ，総合課税（給与所得課税等）で適用される累進税率（最大55％）の約1／2相当の税負担とされます。 ■株式売却時 売却時の株価と株式交付時の株価の差額に対して，譲渡所得課税（税率20.315％）がなされます。	■取締役に対する金銭報酬債権付与の事前決定は，報酬に係る株主総会決議（会社法361）が必要となります。 ■役員が会社から付与された金銭報酬債権を，役員が会社へ現物出資財産（会社法199①三）として払い込むことにより，株式の発行（第三者割当増資）が行われます。なお，公開会社では有利発行に該当しない限り，取締役会決議で決定します（会社法199③，201）。

(ロ)　株式交付信託

●●●図表Ⅳ－29　株式交付信託（業績条件あり）の会計，税務，法務のポイント

業績条件なしの場合と税務上の損金算入要件が異なります。

会計	税務		法務
	会社	役職員	
業績条件なしの場合と同様です。	【ボーナスプラン】及び【退職金プラン】のいずれの場合も，「業績連動給与」の要件を満たした場合，受益権確定時の時価が受益権確定時に損金算入されます。	業績条件なしの場合と同様です。	業績条件なしの場合と同様です。

2　会計上の取扱い

インセンティブ報酬スキームに沿って，会計処理を説明します。

なお，現行の会計基準において，年次（業績）賞与，通常型SO，株式報酬型SO，（従業員向け）株式交付信託については会計処理が定められています。

また，上場会社が，取締役等の報酬として株式を発行する場合には，金銭の払込みを要しないこと（無償交付）が会社法上認められるようになり，無償交付の場合には「取締役の報酬等として株式を無償交付する取引に関する取扱い（実務対応報告第41号）」において会計処理が定められています。逆にこれら以外のものについては明確に定められているものがありません。そのため，会計処理が定められていないものについては，「インセンティブ報酬の会計処理に関する研究報告」を参考に会計処理を説明します。また，取締役に対して報酬として株式を交付する方法として現物出資方式と無償交付の両方が認められていますが，実務上は依然として現物出資方式を採用するケースが多いことから，ここでは無償交付ではなく，現物出資方式を中心に説明します。

(1)　金銭型報酬の会計処理

①　年次賞与の会計処理⇒図表Ⅳ－1①

交付のタイミング	業績条件なし			業績条件あり		
	金銭	新株予約権	株式	金銭	新株予約権	株式
事前交付型	－	② 通常型SO（税制適格SO）株式報酬型SO（1円SO）	③ RS（譲渡制限付株式）	－	⑥ 通常型SO（税制適格SO）株式報酬型SO（1円SO）	⑦ PS（譲渡制限付株式）
事後交付型	① 年次賞与	－	④ RSU 株式交付信託	⑤ 年次業績賞与 パフォーマンス・キャッシュ ファントム・ストック SAR	－	⑧ PSU 株式交付信託

年次賞与は，職務執行の対価として支給されるものであり，支給見込額を発生した会計期間の費用として計上します。

年次役員賞与について，期末日後に開催される株主総会の決議事項とする場合には，支給見込額を原則として引当金に計上します（役員賞与会計基準第13項）。

【仕訳】

役員賞与	××	／	役員賞与引当金	××

②　年次業績賞与，パフォーマンス・キャッシュ，ファントム・ストック，SARの会計処理⇒図表Ⅳ－1⑤

交付のタイミング	業績条件なし			業績条件あり		
	金銭	新株予約権	株式	金銭	新株予約権	株式
事前交付型	－	② 通常型SO（税制適格SO）株式報酬型SO（１円SO）	③ RS（譲渡制限付株式）	－	⑥ 通常型SO（税制適格SO）株式報酬型SO（１円SO）	⑦ PS（譲渡制限付株式）
事後交付型	① 年次賞与	－	④ RSU 株式交付信託	⑤ 年次業績賞与 パフォーマンス・キャッシュ ファントム・ストック SAR	－	⑧ PSU 株式交付信託

会計処理は，業績に連動するか株価に連動するかで，次のように分類します。

(イ)　業績連動型金銭報酬（年次業績賞与，パフォーマンス・キャッシュ）

年次業績賞与は単年度の業績，パフォーマンス・キャッシュは中長期の業績に連動した報酬であり，業績評価期間が短期か中長期かという違いがあるものの，いずれも職務執行の対価として費用計上を行います。また各期間の業績と報酬は対応関係にあると考えられるため，期間に応じた費用計上を行います。

期末日をまたぐような一定期間の成果に基づいて支給額が確定されるような場合には，期末日までの実績を踏まえた成果の達成可能性を事業計画等と比較するなど合理的に見積もった上で，支給対象期間に応じて当期の負担に属する金額を引当金として計上します。

役員報酬（※）	××	／	負債（引当金）	××

（※）費用項目の科目名は便宜的なものです。

業績条件の達成見込みの変化により支給見込額が変動する場合には，会計上の見積りの変更として，変更後の総支給見込額のうち，変更時点までに発生したと認められる額に引当金の額を修正することになります。

(ロ) 株価連動型金銭報酬（ファントム・ストック，SAR）

ファントム・ストックとSARはいずれも株価連動型の金銭報酬であり，職務執行の対価として仮想株式もしくは仮想SOに基づいた金銭を支給します。制度設計として，対象勤務期間を設定するか否か，及び業績等の目標を設定するか否かという点が会計処理に影響します。

ここでは，一般的と考えられる対象勤務期間が設定されたものに関する会計処理を説明することにします。

（会計処理の考え方）

対象勤務期間を通じて役員報酬等を計上していくことになると考えられます。また費用計上の相手科目は，資本取引が介在しないため，負債（引当金）を計上することになると考えられます。

引当金の計上額は，以下の式により算定します。

単価（※）×仮想交付株式数（見込）×（既経過月数÷総月数）

（※）単価については，次頁の（単価の測定）で説明します。

【仕訳】

・制度導入日

仕訳なし

・対象勤務期間の各期末日

役員報酬（※）	××／	負債（引当金）	××

（※）費用項目の科目名は便宜的なものです。

・支給日

負債（引当金）	××／	現預金	××
役員報酬（※）	××／		

（※）負債計上額と実際支払額の差額を支払日に調整する処理を想定しています。

（単価の測定）

単価の測定方法は，ファントム・ストックとSARの違いに応じて，次のように考えられます。

	期末日の株価を基礎とした単価	期末日株価にその他要因を加味した単価
ファントム・ストック	期末日の株価	株価に配当等の調整を加えた単価
SAR	本源的価値 【期末日の株価－仮想行使価格（付与時の株価）】	本源的価値に時間価値の調整を加えた公正な評価単価

(2)　株式型報酬（新株予約権の付与）の会計処理

交付のタイミング	業績条件なし			業績条件あり		
	金銭	新株予約権	株式	金銭	新株予約権	株式
事前交付型	－	②通常型SO（税制適格SO） 株式報酬型SO（1円SO）	③RS（譲渡制限付株式）	－	⑥通常型SO（税制適格SO） 株式報酬型SO（1円SO）	⑦PS（譲渡制限付株式）
事後交付型	①年次賞与	－	④RSU 株式交付信託	⑤年次業績賞与 パフォーマンス・キャッシュ ファントム・ストック SAR	－	⑧PSU 株式交付信託

①　SO会計処理の基本的な考え方

会社は，役職員へSOを報酬として付与することにより，その対価として，役職員から追加的に職務執行を受け，会社に帰属する役務を消費することで費用を認識します。

会社が付与するSOと役職員の職務の執行は，経済合理性の観点から，等価であると考えられます。

そのため，SO付与日の公正価値（公正な評価額）を，役職員が職務執行を行う期間（対象勤務期間）にわたって費用計上することになります（SO会計基準第35項～第39項）。

●●●図表Ⅳ－30　SOの費用計上イメージ

SO付与時の公正な評価額（公正価値）＝SO付与時の公正な評価単価×SO数

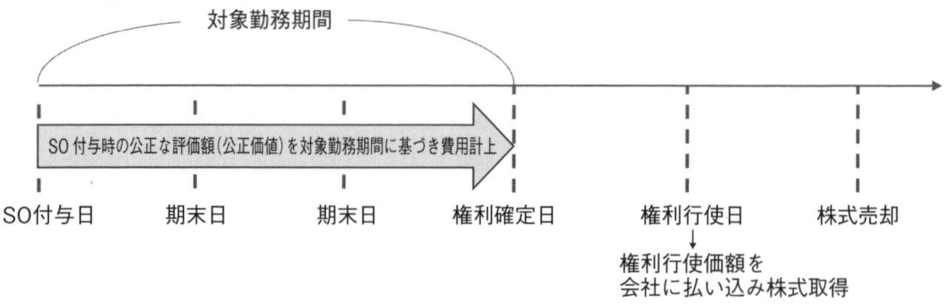

②　通常型SO（税制適格SO）の会計処理⇒図表Ⅳ－1②⑥に対応

会計処理は，SOの権利が確定する前と後で区別されます。

また，SOの条件変更を行った場合の会計処理も定められています。

⑴　権利確定前の会計処理

SOを付与し，これに応じて企業が役職員から職務執行を受けることに応じて「株式報酬費用」として計上し，対応する金額をSOの権利の行使又は失効が確定するまでの間，貸借対照表の純資産の部に「新株予約権」として計上します（SO会計基準第４項）。

【仕訳】

・SO付与日

仕訳なし

・対象勤務期間の各期末日

株式報酬費用	××	／	新株予約権	××

役職員の職務執行に応じて会社が計上する費用の額は，SOの公正な評価額のうち，対象勤務期間等に基づき当期に発生したと認められる額になります(SO会計基準第5項)。

SOの公正な評価額は，以下の算式で表せます。

SOの公正な評価額＝公正な評価単価×SO数

SOの会計処理では，ⅰ）公正な評価単価，ⅱ）SO数，ⅲ）対象勤務期間が検討ポイントになるため，以下でそれぞれについて，説明します。

ⅰ）公正な評価単価

公正な評価単価は，付与日で算定します。

条件変更（※1）による場合を除き，その後の見直しは行いません（SO会計基準第6項⑴）。

また，SOの市場価格は通常観察できないため，広く受け入れられている算定技法（ブラック＝ショールズ・モデルや二項モデル等のオプション評価モデル）を利用します。

なお，権利不確定による失効（※2）の見込みについては，SO数に反映させるため，公正な評価単価の算定にあたっては，考慮しません（SO会計基準第6項⑵）。

(※1）条件変更とは，付与したSOに係る条件を事後的に変更し，SOの公正な評価単価，SO数，または合理的な費用の計上期間のいずれか1つ以上を意図して変動させることをいいます（SO会計基準第2項⒂）。

条件変更の会計処理については，125頁「(ハ)　条件変更の会計処理」を参照してください。

（※２）SOの失効には，退任等による権利確定条件が達成されなかったことによる失効（「権利不確定による失効」）と権利行使期間中に株価低迷等で権利行使しなかったことによる失効（「権利不行使による失効」）の２種類があります（SO会計基準第２項⒀）。

ii）SO数

SO数の算定に係る会計上の取扱いは，付与日から権利確定日までの時系列に沿って以下のようになります（SO会計基準第７項）。

■付与日

付与日においては，SOの付与数から退任等に起因する権利不確定による失効の見積数を控除して算定します。

■付与日から権利確定日の直前までの間

・付与日から権利確定日の直前までの間に，権利不確定による失効の見積数に重要な変動が生じた場合（条件変更による場合を除く）には，SO数をこれに対応させるために見直します。

・見直し後のSO数に基づく公正な評価額（付与時の公正な評価単価×見直し後のSO数）によって，見直した期までに費用計上すべき金額を算出し，これまでに計上した費用額との差額を，見直しを行った期の損益として計上します。

■権利確定日

・権利確定日には，SO数を権利が確定した数に一致させます。

・確定数のSO数に基づく公正な評価額（付与時の公正な評価単価×確定したSO数）によって，権利確定日までに費用計上すべき金額を算出し，これまでに計上した費用額との差額を，権利確定日が属する期の損益として計上します。

iii）対象勤務期間

対象勤務期間は，SOと報酬関係にある職務執行期間のことであり，具体的には，SO付与日から権利確定日までの期間を指します（SO会計基準第２項⑼）。

一般的に，SOには一定の期間，継続的に職務執行を行うなどの権利を確定するための条件（権利確定条件）が付されており，付与日から権利確定日までの対象勤務期間に基づき費用計上します。

この権利確定条件の設定方法によっては，権利確定日が異なり，費用計上期間に相違が生じることになります（SO適用指針第17項）。

●●●図表Ⅳ－31　SOの権利確定日の判定

権利確定条件の設定方法	権利確定日
勤務条件が付されているケース	勤務条件を満たす日
勤務条件は明示されていないが，権利行使期間の開始日が明示されており，かつ，それ以前にSOを付与された者が自己都合で退職した場合に権利行使できなくなる場合	権利を行使できる期間の開始日の前日
条件の達成に要する期間が固定的ではない権利確定条件が付されている場合（※）	権利確定日として合理的に予測される日

（※）例えば，株価条件（将来一定の株価を上回った場合に権利行使が可能）のみが設定されているような場合，権利確定日を合理的に予測することは困難です。このような場合には，対象勤務期間はないものとみなし，付与日に一括費用計上することになります（SO適用指針第18項）。

また，権利確定条件が付されていない場合（＝付与日に権利が確定している場合）には，対象勤務期間がないため，付与日に一括費用計上することになります（SO適用指針第18項）。

●●●図表Ⅳ－32　SOの権利確定日の有無による費用計上期間

権利確定条件の有無	費用計上期間
権利確定条件あり	権利確定条件の設定方法により，権利確定日が異なるため，費用計上期間が相違する
権利確定条件なし	SO付与日に一括費用計上

通常型SOでは，権利確定条件として勤務条件が付されている場合が多いため，付与時から権利確定時までの対象勤務期間に基づき，SOの公正な評価額を費用計上する処理が一般的です。

㈺　権利確定後の会計処理

i）権利行使時

■新株発行

SOが権利行使され，これに対して新株を発行した場合，新株予約権として計上した額のうち，権利行使に対応する部分の金額と権利行使価額の払込金額をあわせて「払込資本」として処理します（SO会計基準第8項）。

新株予約権	××	／	払込資本 （資本金及び資本準備金）	××
現預金	××	／		

■自己株式処分

SOの権利行使に伴い，自己株式を処分した場合には，自己株式の取得原価と，新株予約権の帳簿価額及び権利行使に伴う払込金額の合計額との差額は自己株式処分差額であり，「その他資本剰余金」として処理します（SO会計基準第8項）。

新株予約権	××	／	自己株式	××
現預金	××	／	自己株式処分差益 （その他資本剰余金）	××

（注）自己株式の取得原価により，自己株式処分差損となる場合もあります。

なお，自己株式処分差損となった結果，貸借対照表の「その他資本剰余金」残高がマイナスとなる場合は，会計期間末に「その他資本剰余金」をゼロとし，当該マイナス値を「その他利益剰余金」（繰越利益剰余金）から減額します（自己株式減少会計基準第12項）。

ii）権利失効時

権利不行使によりSOの失効が生じた場合には，新株予約権として計上した額のうち失効に対応する部分を「新株予約権戻入益」等の科目で利益（特別利益）に計上します（SO会計基準第9項）。

新株予約権	××	／	新株予約権戻入益	××

(ハ)　条件変更の会計処理

SO付与後に株価が下落し，権利行使される可能性が減少し，当初期待していたインセンティブ効果が失われるような場合には，これを回復する目的で権利行使価格を引き下げるなど，事後的にSOの条件変更をすることがあります。

条件変更の種類には，ｉ）公正な評価単価の変更，ⅱ）SO数の変更，ⅲ）対象勤務期間の変更，の３つがあります。

ｉ）公正な評価単価の変更

公正な評価単価の変更には，付与日の公正な評価単価を上回るか，それ以下とするかによって，会計処理が異なります（SO会計基準第10項及び第54項～56項）。

条件変更日の公正な評価単価の場合分け	会計処理
変更日の単価＞付与日の単価	付与日の単価による費用計上を継続することに加えて，増加額分（＝変更日の単価－付与日の単価）について条件変更日から権利確定日までの期間にわたり費用計上します。
変更日の単価≦付与日の単価	付与日の単価による費用計上を継続します。 （∵）SOを役職員にとって，従前よりも価値あるものとするために条件変更をしたにもかかわらず，株式報酬費用が減少してしまうという矛盾を避けるために，従前水準の費用計上額を求めるものです。

ⅱ）SO数の変更

権利確定条件を変更する等の条件変更により，SO数を変動させた場合には，従来からの費用計上を継続した上で，SO数増減による影響金額を条件変更日から残存期間にわたり計上（減少の場合は残存期間にわたり費用からマイナスする）することになります。

「(イ)ⅱ）SO数」の箇所で記載したように，権利不確定による失効の見積数の変動の場合は，環境の変化等による企業が意図しないSO数の変動であるため，影響金額を見直した期の損益として処理します。一方，企業の意図によるSO数の変更は将来にわたる効果を期待して条件変更を行ったものと考えられるため，影響額を残存期間にわたり計上していくことになります（SO会計基準第11項及び第57項）。

ⅲ）対象勤務期間の変更

対象勤務期間の延長又は短縮をした場合には，条件変更前の残存期間に計上すると見込んでいた金額を，新たな残存期間にわたり費用計上します（SO会計基準第12項及び第58項）。

【設　例】

＜前提＞

A社（３月決算）は，×1年６月の株主総会において，以下のとおりストック・オプション（SO）を無償で付与することを決議し，×1年７月１日に付与した。

- SOの数：70個（役員７人に対し@10個）
- SOの行使により与えられる株式数：１個につき１株
- 付与日におけるSOの公正な評価単価：1,000/個
- SOの権利行使価額：2,000/株
- SOの権利確定日：×3年６月30日
- SOの行使期間：×3年７月１日から×6年６月30日
- ×3年３月期末において，×3年６月までに２名の退任が確実となる状況である。

＜会計処理＞

① SO付与日（×1年７月１日）の会計処理

仕訳なし

② ×2年３月期末の会計処理

株式報酬費用	26,250	／	新株予約権	26,250

（注）1,000/個×10個×７名×９月/24月=26,250

- 付与日（×1年７月）から×2年３月末までの期間：９月
- 対象勤務期間：24月（×1年７月から×3年６月）

③ ×3年３月期末の会計処理

×3年６月までに２名の退任が確実となる見込みのため，権利不確定による失効の人数を反映する。

株式報酬費用	17,500	／	新株予約権	17,500

（注）1,000/個×10個×(7-2)名×21月/24月－26,250=17,500

・付与日（×1年７月）から×3年３月末までの期間：21月

④　権利確定日（×3年６月30日）の会計処理

権利確定日（×3年４月１日から×3年６月30日）までに２名の役員が退任した。

株式報酬費用	6,250	／	新株予約権	6,250

（注）1,000/個×10個×(7-2)名×24月/24月－（26,250+17,500）=6,250

・付与日（×1年７月）から×3年６月末までの期間：24月

⑤-1　権利行使時の会計処理（新株を発行する場合）

×3年９月30日に40個のSO行使がなされ，40株の新株発行がなされた。

現預金	80,000	／	資本金	120,000
新株予約権	40,000	／		

（注）SO権利行使による払込金額：2,000/株×40株=80,000

・行使されたSOの金額：1,000/個×40個=40,000

※ 増加する払込資本は，全て資本金と仮定する。

⑤-2　権利行使時の会計処理（自己株式を処分する場合）

×3年９月30日に40個のSO行使がなされ，40株の自己株式を交付した。１株あたりの取得原価は2,500/株であった。

現預金	80,000	／	自己株式	100,000
新株予約権	40,000	／	自己株式処分差益	20,000

（注）SO権利行使による払込金額：2,000/株×40株=80,000

・行使されたSOの金額：1,000/個×40個=40,000

・自己株式処分：2,500/株×40株=100,000

⑥　権利失効時の会計処理

×6年６月30日の権利行使期間終了に伴い，権利不行使として確定した失効数は10個であった。

新株予約権	10,000	／	新株予約権戻入益	10,000

（注）1,000/個×10個=10,000

③　株式報酬型SO（１円SO）の会計処理⇒図表Ⅳ－１②⑥に対応

株式報酬型SO（１円SO）は，税制適格要件である「権利行使価額が株式の付与契約締結時の時価以上であること」（措法第29条の２第１項第３号）を満たさず，税制適格SOには該当しませんが，会計処理は通常型SOと同様です。

すなわち，権利確定条件がある場合は，対象勤務期間（付与日から権利確定日）に基づき費用計上し，権利確定条件がない場合には，付与日に費用を一括計上します。

実務上は退職金プランで用いられる場合が多く，権利確定条件がある場合，権利確定日が権利確定条件の設定の仕方によって異なるため，費用計上期間も相違します（SO適用指針第50項～第58項）。

●●●図表Ⅳ－33　株式報酬型SOの権利確定条件，権利確定日及び費用計上期間

権利確定条件	権利確定日	費用計上期間
任期満了後に権利行使が可能	任期満了日が権利確定日	付与日から任期満了日にわたり費用計上
任期途中退任でも退任後一定期間は権利行使が可能	権利確定条件なし（任期中の勤務の継続が権利確定条件として要求されていないと考えられる）	付与日に一括費用計上
権利行使期間の開始日が明示され，権利行使期間の開始日までに自己都合退職の場合は，権利行使が不可能	権利行使期間の開始日の前日が権利確定日	付与日から権利行使期間の開始日の前日にわたり費用計上
業績条件の達成	合理的に予測可能な日が権利確定日	付与日から合理的に予測可能な日にわたり費用計上
株価条件の達成	権利確定日を合理的に予測することが困難	付与日に一括費用計上

(3)　株式報酬型（株式の交付）の会計処理

①　RS⇒図表Ⅳ－1③に対応

交付のタイミング	業績条件なし			業績条件あり		
	金銭	新株予約権	株式	金銭	新株予約権	株式
事前交付型	－	② 通常型SO（税制適格SO）株式報酬型SO（１円SO）	③ RS（譲渡制限付株式）	－	⑥ 通常型SO（税制適格SO）株式報酬型SO（１円SO）	⑦ PS（譲渡制限付株式）
事後交付型	① 年次賞与	－	④ RSU 株式交付信託	⑤ 年次業績賞与 パフォーマンス・キャッシュ ファントム・ストック SAR	－	⑧ PSU 株式交付信託

RSの手続きは次のようになります。

①　会社が役職員に金銭報酬債権を付与します。

②　その役職員は会社から付与された金銭報酬債権を現物出資として会社に払込みを行います。

③　会社は現物出資と引換えに役職員へ譲渡制限付株式を発行します。

なお，譲渡制限付株式は対象勤務期間経過後に解除されます。

④　株式交付後は，現物出資された金銭報酬債権相当額（交付された譲渡制限付株式の交付時の公正な評価額（時価））のうち，役職員の職務執行に応じた額を，対象勤務期間（※）等に基づき，費用として計上します。

（※）対象勤務期間の年数

・対象勤務期間の年数は，経済実態（RSを何年分の職務執行に係る対価として発行するか）に応じて決定します。例えば，役員の任期が１年となっていても継続して選任される見込みがあり，３年間の職務執行に係る対価としてRSを発行している場合には，対象勤務期間は３年となります。

・ボーナスプランとしてRSを発行しており，対象勤務期間と譲渡制限期間が一致する設計の場合には，譲渡制限期間に基づき費用計上することになると考えられます。

・退職金プランとしてRSを発行する，例えば譲渡制限期間を30年とするが，株式付与から１年経過後に任期満了等の事由が正当な理由と認められ，付与された株数の譲渡制限が解除されるケースでは，対象勤務期間を１年として，１年間で費用計上することになると考えられます。当該ケースでは，一般的に，１年分の職務執行に係る対価としてRSが発行されており，RSを毎年発行することになると想定されます。

⑤　譲渡制限解除の条件未達が生じ，会社が役職員から株式を無償取得した場合は，無償取得部分を損失処理します。

●●●図表Ⅳ－34　RSの費用計上イメージ

RS交付時の時価＝@交付時の株価×交付株式数

【対象勤務期間と譲渡制限期間が一致する場合】

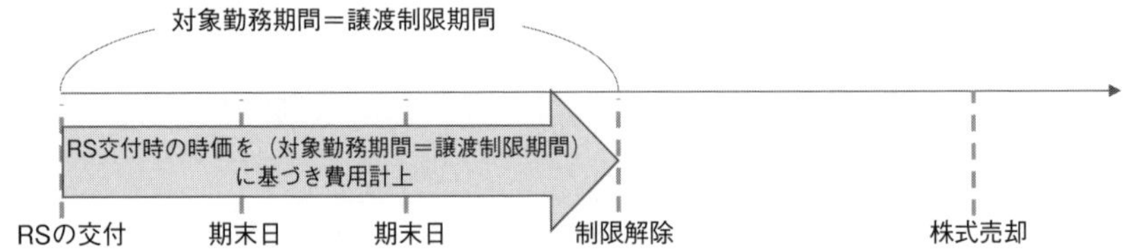

【対象勤務期間と譲渡制限期間が異なる場合】

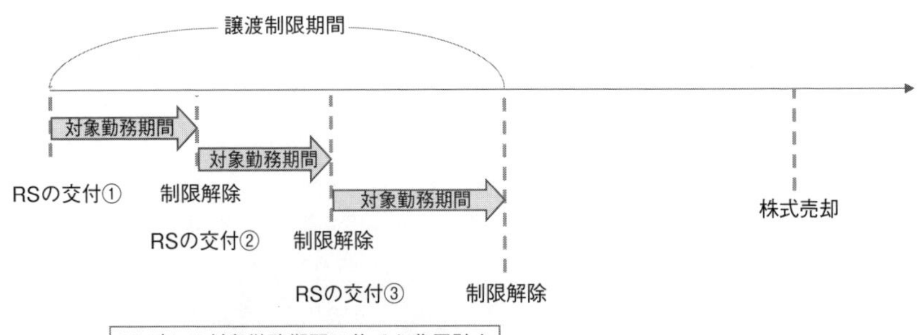

【仕訳（手続番号とリンク）】

①　会社から役職員への金銭報酬債権の付与時

前払費用	××	／	金銭報酬債務	××

会社が役職員に付与した金銭報酬債権は，将来の職務執行に係る報酬のことであり，前払費用として資産計上します。

②③　役職員から会社への金銭報酬債権の現物出資時及び株式発行時

金銭報酬債権	××	／	払込資本	××

会社が役職員から現物出資される金銭報酬債権は，払込資本（資本金及び資本準備金）として純資産の部に計上します。

現物出資された金銭報酬債権は，譲渡制限株式の交付時の公正な評価額（時価）で測定すると考えられます。

なお，株式発行時には金銭報酬債権債務の相殺を行います。

金銭報酬債務	××	／	金銭報酬債権	××

④　対象勤務期間における各期末日

株式報酬費用	××	／	前払費用	××

株式交付後は，役職員の職務執行に応じた額を，対象勤務期間等に基づき，前払費用を取り崩し，費用計上します。

⑤　譲渡制限解除条件の未達時

損失	××	／	前払費用	××

譲渡制限解除の条件未達により，会社が役職員から株式を無償取得した場合には，付与した金銭債権等のうち譲渡制限解除の条件未達により会社が役職員から株式を無償取得することとなった部分（役職員から役務提供を受けられなかった部分）につき，条件未達部分に対応する前払費用を取り崩し，損失処理を行います。

なお，条件未達前までの役務提供を受けた部分についての費用の戻入は行いません。条件未達時の会計処理において，以下の２つの論点が考えられます。

前払費用の取崩しのタイミング

ｉ）株主総会（退任確定）時点，ⅱ）退任が合理的に確実となった時点（例えば退任意思表示時）が考えられます。

損失処理のP/L区分

ｉ）営業費用として処理する方法，ⅱ）営業外費用として処理する方法が考えられます。

【設例】

<前提>

A社（3月決算）は，×1年6月の株主総会において，役員報酬総額上限を50,000とすることを決議するとともに，役員7名に対しリストリクテッド・ストックを上限額10,500として付与することを決議した。

×1年7月の取締役会において各取締役のリストリクテッド・ストックに係る報酬を1,500と決議するとともに株式の割当決議を行った。

×1年7月の払込期日にA社は役員から当該金銭債権等の現物出資を受け，現物出資の対価として譲渡制限株式を交付した。

・役員の任期は1年

・譲渡制限期間：株式発行日から譲渡制限解除までの期間は3年間（×4年6月まで）

・譲渡制限解除条件：譲渡制限期間中，勤務を継続すること

・条件を満たさない場合：譲渡制限株式は会社が無償取得する

※役員2名が×4年3月末に自己都合により役員を退任した（発行時には見込めなかった）。

<会計処理>

① 現物出資時の会計処理

前払費用	10,500	／	金銭報酬債務	10,500
金銭報酬債権	10,500	／	資本金	10,500
金銭報酬債務	10,500	／	金銭報酬債権	10,500

(注) 増加する払込資本は，全て資本金として仮定しています。

② ×2年3月期末の会計処理

株式報酬費用	2,625	／	前払費用	2,625

(注) 10,500×9月/36月=2,625

・現物出資時から×2年3月期の期間：9月

・役員の任期は1年であるが，RSを3年間の職務執行に係る対価として発行しているため，対象勤務期間（＝譲渡制限期間）の3年にわたり費用計上する。

③ ×3年3月期末の会計処理

株式報酬費用	3,500	／	前払費用	3,500

(注) 10,500×21月/36月－2,625＝3,500

・現物出資時から×3年3月期の期間：21月

④ ×4年3月期末の会計処理

株式報酬費用	3,500	／	前払費用	3,500

(注) 10,500×33月/36月－（2,625＋3,500）＝3,500

・現物出資時から×4年3月期の期間：33月

⑤ 役員2名退任時（＝会社による株式の無償取得時）の会計処理

損失	250	／	前払費用	250

(注) 1,500×2名－1,500×2名×33月/36月=250
退任役員が，現物出資した金銭報酬債権から，提供した職務執行期間分を差し引く

⑥ ×5年3月期末の会計処理

株式報酬費用	625	／	前払費用	625

(注) 1,500×5名－1,500×5名×33月/36月＝625

②　RSU，株式交付信託⇒図表Ⅳ－１④に対応

交付のタイミング	業績条件なし			業績条件あり		
	金銭	新株予約権	株式	金銭	新株予約権	株式
事前交付型	－	② 通常型SO（税制適格SO）株式報酬型SO（１円SO）	③ RS（譲渡制限付株式）	－	⑥ 通常型SO（税制適格SO）株式報酬型SO（１円SO）	⑦ PS（譲渡制限付株式）
事後交付型	① 年次賞与	－	④ RSU 株式交付信託	⑤ 年次業績賞与 パフォーマンス・キャッシュ ファントム・ストック SAR	－	⑧ PSU 株式交付信託

(イ)　ＲＳＵ

RSUの手続きは次のようになります。

①　RSUは，一定期間の勤務を条件として対象勤務期間経過後に株式を役職員へ交付します。したがって，RSの場合とは異なり，導入決議時に仕訳は行われないことになります。

②　対象勤務期間中に役職員から職務執行を受けるため，各期末時には，将来付与される金銭報酬債権の金額について，対象勤務期間等に基づき費用計上することになります。費用計上の相手科目は，RSの場合とは異なり，株式交付が対象勤務期間経過後であるため，負債（引当金）として計上することになると考えられます。

将来付与される金銭報酬債権の金額は，「対象勤務期間の末日等の株価×株数（勤務条件の達成度合いにより変動）」として算定され，経過期間に応じて会社には義務が生じているため，費用計上額を毎期末の時価（株価）により測定し直すことになると考えられます。

③　勤務条件達成後，会社は役職員に対して金銭報酬債権を付与し，役職員から会社へ現物出資がなされ，会社は役職員へ株式を交付します。

④　役職員は当該金銭報酬債権を会社へ現物出資し，会社は役職員に対して株式を交付します。

⑤　勤務条件の未達が生じた場合は，株式の交付は行われず，負債として計上した株式報酬相当の金額につき費用を相手勘定として取り戻す処理を行います。

図表Ⅳ－35　RSUの費用計上イメージ

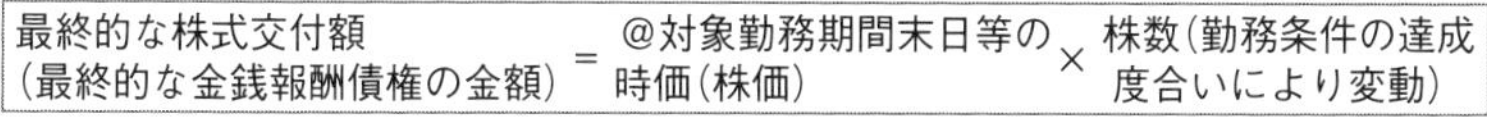

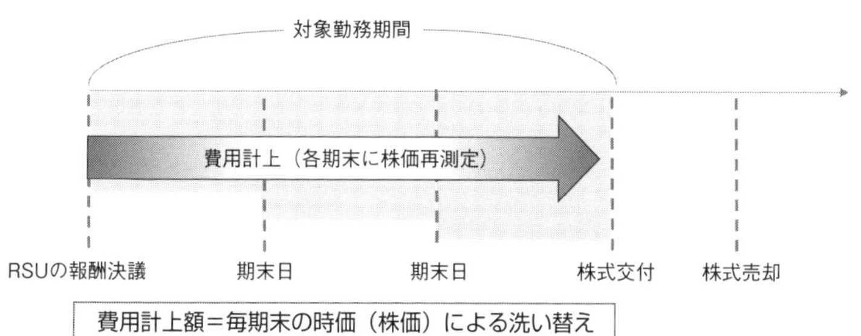

【仕訳（手続番号とリンク）】

①　RSU導入決議日

仕訳なし

②　対象勤務期間の各期末日

借方	金額	貸方	金額
株式報酬費用	××　／	負債（引当金）	××

毎期末の時価（株価）により測定し直すことになると考えられます。

③　会社から役職員への金銭報酬債権の付与時

借方	金額	貸方	金額
負債（引当金）	××　／	金銭報酬債務	××

役職員に対して金銭報酬債権を付与することにより，会社は確定債務への振替処理を行うことになります。

④　役職員から会社への金銭報酬債権の現物出資時

借方	金額	貸方	金額
金銭報酬債権	××　／	払込資本	××

会社が役員から現物出資される金銭報酬債権は，払込資本（資本金及び資本準備金）として純資産の部に計上します。

なお，株式発行時には金銭報酬債権債務の相殺を行います。

金銭報酬債務	××	／	金銭報酬債権	××

⑤　勤務条件未達時

負債（引当金）	××	／	株式報酬費用	××

結果的に勤務条件が達成できなかった場合，株式の交付は行われないことから，負債として計上した株式報酬相当の金額につき株式報酬費用を相手勘定として取り戻す処理が考えられます。

●●●図表Ⅳ－36　RSとRSUの会計処理比較表

	RS（事前交付）	RSU（事後交付）
制度開始時	前払費用　××／金銭報酬債務×× 金銭報酬債権××／払込資本　×× 金銭報酬債務××／金銭報酬債権	—
各期末	株式報酬費用××／前払費用　××	株式報酬費用××／負債(引当金)××
期間終了時	—	負債(引当金)××／金銭報酬債務×× 金銭報酬債権××／払込資本　×× 金銭報酬債務××／金銭報酬債権××
条件未達時	損　　失　××／前払費用　××	負債(引当金)××／株式報酬費用××

(ロ)　株式交付信託（業績条件なし）

株式交付信託は，会社から役職員へ在任・在籍期間や業績達成度に応じてポイントを付与し，累積ポイントに応じた自社株式を，信託を通じて役職員に交付する株式報酬制度のことをいいます。業績条件なしの場合は在任・在籍期間に応じてポイントが付与され，業績条件ありの場合は，業績達成度に応じてポイントが付与されます。

従業員向けの株式交付信託は会計基準が公表されており，役員向けの信託に関しても参考になるとされているため（信託実務対応報告第26項），「信託実務対応報告」及び「インセンティブ報酬研究報告」を参考に役員向け株式交付信託について説明します。

株式交付信託のスキームについては，**第4章106頁**を参照ください。

●●●図表Ⅳ－37　株式交付信託の費用計上イメージ

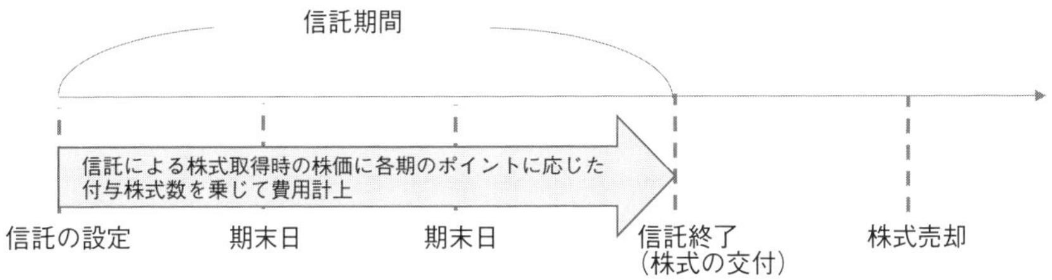

費用計上額＝信託による株式取得時の株価×ポイント割当相当の株式数

会計処理は，会社と役員の間に信託が介在するため，信託に係る部分の処理も加わります。

また業績条件の有無にかかわらず，会計処理は共通となります。

■従業員向け株式交付信託に準じた会計処理

ⅰ）総額法の適用

会社と信託は同一の存在とはみなせないものの，対象となる信託が，①委託者（会社）が信託の変更をする権限を有している場合，②会社に信託財産の経済効果が帰属しないことが明らかであると認められない場合という２つの要件を満たす時には，総額法を適用して会社の財務諸表に，信託の資産と負債を取り込んで計上することになります（信託実務対応報告第10項）。

信託の損益の取込方法については，■役員向け株式報酬信託に固有の論点の箇所（139頁参照）で説明します。

総額法を前提とすると，信託設定時の会計処理は次のようになります。

【会社】

信託口	××　／	現預金	××

【信託】

現預金	××　／	信託元本	××

ii）自己株式処分差額の認識時点

信託が自社株式を取得するに際しては，会社から購入する場合と株式市場から購入する場合があります。

信託が会社から購入する場合には，会社は自己株式を簿価で信託へ引き渡し，信託はその時の時価で購入することになります。そこで，会社は信託からの自己株式に係る対価の払込期日に，自己株式処分差額を認識します（信託実務対応報告第11項）。

【会社】

借方			貸方	
現預金	××	／	自己株式	××
		／	自己株式処分差益（※） （その他資本剰余金）	××

（※）自己株式簿価よりも，時価のほうが高いケースを想定しており，時価のほうが低いケースでは，自己株式処分差損が借方に計上されることになります。

【信託】

借方			貸方	
信託保有自社株式	××	／	現預金	××

なお，信託が株式市場から自社の株式を購入する場合には，会社では仕訳が生じず，信託においては上記と同様の仕訳が生じることになります。

iii）役員へのポイント割当時及び株式交付時に関する会計処理

・ポイント割当時

ポイント付与に応じて費用を計上し，対応する負債（引当金）を計上します（信託実務対応報告第12項）。費用計上額は，以下の算式で表すことができます。

費用計上額＝信託取得時の時価（株価）×ポイントに応じた株式数

事後的に株式を交付する点についてはRSU同様ですが，RSUが各期末時の株価に応じて費用計上額を洗い替えていくのに対して，株式交付信託では，価格が信託の株式取得時の株価で固定される点が異なります。

【会社】

借方			貸方	
株式報酬費用	××	／	負債（引当金）	××

【信託】

仕訳なし（※）

（※）ポイント割当は，会社と役員との2者間取引であるため。

・株式交付時

信託終了時に，信託から役員に対して株式を交付し，対応する負債（引当金）を取り崩します。負債（引当金）の取崩し額は，信託が自社の株式を取得した時の株価に交付された株式数を乗じて算定します（信託実務対応報告第13項）。

以下で，会社の引当金取崩しと信託財産の取込みを一連のものとして仕訳を表します。信託を取り込むにあたって，信託の資本に相当する部分（下記では信託元本）と信託口を相殺します。

【決算時】

負債（引当金）	××	／	信託保有自社株式	××
信託元本	××	／	信託口	××

（注）ⅰ）～ⅲ）の仕訳では，信託に係る手数料等は発生しないと仮定した仕訳を示しています。

ⅳ）信託導入から終了時までを通算した会計処理のまとめ

信託において手数料が生じず総額法を採用する前提で，制度導入から信託終了時までの仕訳を通算すると，次のようになります。

<table>
<tr><th colspan="2">借　方</th><th colspan="2">貸　方</th></tr>
<tr><td rowspan="6">株式報酬費用
（費用計上額＝信託が自社株式取得時の時価（株価）×交付株式数）</td><td rowspan="6">××</td><td colspan="2">【信託へ自己株式処分の場合】</td></tr>
<tr><td>自己株式</td><td>××</td></tr>
<tr><td>その他資本剰余金</td><td>××</td></tr>
<tr><td colspan="2">（処分時時価＞自己株式簿価の仮定）</td></tr>
<tr><td colspan="2">【信託が市場から自社株式購入の場合】</td></tr>
<tr><td>現預金</td><td>××</td></tr>
</table>

■役員向け株式交付信託に固有の論点

役員向け株式交付信託に固有の論点として，信託に残存する株式の取扱いがあります。

従業員向け株式交付信託の場合は，一般に，信託期間終了時に信託に残存する自己株式については換金して従業員に分配されます（信託実務対応報告第4項(6)）。

一方，役員向けの株式交付信託の場合には，ⅰ）信託から会社が無償取得し，取締役会後に自己株式を消却する，ⅱ）換金して第三者に寄付するかのいずれかのスキームになっている場合が多いと考えられます。

この理由として，対象となる取締役に業績未達成部分の株式を交付することは業績連動報酬の趣旨に反すること及び信託終了時における余剰金を企業に帰属させることを目的としたものではないことが挙げられます。

ⅰ）信託から会社が無償取得するケース

会社における自己株式の無償取得は，自己株式数の増加として取り扱うのみです。無償取得した自己株式を消却する場合には，当該自己株式の消却決議後に，自己株式数を減少させることになると考えられます。

一方，信託においては当該自己株式を会社へ無償譲渡することによって，株式譲渡損が発生します。当該譲渡損は，期末時の信託財産を取り込むことを通じて，会社の損益計算書上に費用計上することになると考えられます。

ⅱ）信託で換金して第三者に寄付するケース

信託で換金時に計上した株式売却損益について，期末時の信託財産を取り込むことを通じて，会社の損益計算書上に計上することになると同時に，会社では売却価額と同額の費用（寄付金）を計上することになると考えられます。

ⅰ）とⅱ）のいずれの場合においても，会社では，役員に割り当てられたポイントに対応する負債（引当金）が計上されているため，当該負債（引当金）に対応する株式が交付されなかった時には，負債（引当金）が戻し入れられることになります。

負債（引当金）	××	／	引当金戻入益	××

③　PS⇒図表Ⅳ－1⑦に対応

交付のタイミング	業績条件なし			業績条件あり		
	金銭	新株予約権	株式	金銭	新株予約権	株式
事前交付型	－	② 通常型SO（税制適格SO）株式報酬型SO（1円SO）	③ RS（譲渡制限付株式）	－	⑥ 通常型SO（税制適格SO）株式報酬型SO（1円SO）	⑦ PS（譲渡制限付株式）
事後交付型	① 年次賞与	－	④ RSU 株式交付信託	⑤ 年次業績賞与 パフォーマンス・キャッシュ ファントム・ストック SAR	－	⑧ PSU 株式交付信託

基本的な会計処理はRS同様と考えられます。

しかし，このスキームは，最初に交付した譲渡制限付株式に対する譲渡制限解除条件が業績等条件（等には株価条件が含まれる，以下同じ）となるため，評価の方法や実務が確立しておらず，税務上も役員に対するPSの損金算入を認めていない状況であり，今後導入企業数が減少すると考えられています。

④　PSU，株式交付信託⇒図表Ⅳ－1⑧に対応

交付のタイミング	業績条件なし			業績条件あり		
	金銭	新株予約権	株式	金銭	新株予約権	株式
事前交付型	－	② 通常型SO（税制適格SO）株式報酬型SO（1円SO）	③ RS（譲渡制限付株式）	－	⑥ 通常型SO（税制適格SO）株式報酬型SO（1円SO）	⑦ PS（譲渡制限付株式）
事後交付型	① 年次賞与	－	④ RSU 株式交付信託	⑤ 年次業績賞与 パフォーマンス・キャッシュ ファントム・ストック SAR	－	⑧ PSU 株式交付信託

(イ)　ＰＳＵ

PSUの手続きは次のようになります。

① 業績等連動期間の開始前において，役職員に対し，一定期間（例えば3年間）の業績等の状況に連動して，金銭報酬債権を付与することを決議します。当該金銭報酬債権については，業績の達成度合いと付与株式数を連動させる算式（条件）を定め，株式交付の時点で，当該付与株式数を交付するに足りる払込金額相当額を金銭報酬債権とするように定めます。

② 報酬決議後の業績等連動期間中にすでに役職員から職務執行を受けているため，将来付与される金銭報酬債権の金額について，役職員の職務執行に応じた額を，業績等連動期間等に基づき，費用として計上します。

③ 業績等連動期間として定めた一定期間（例えば3年間）が経過した後，会社は役職員へ業績目標の達成度合いに応じた金銭報酬債権を付与します。

④ 役職員は当該金銭報酬債権を会社へ現物出資し，会社は役職員に対して株式を交付します。

⑤ 業績等条件の未達が生じた場合は，株式の交付は行われず，負債として計上した株式報酬相当の金額につき費用を相手勘定として取り戻す処理を行います。

●●●図表Ⅳ－38　PSUの費用計上イメージ

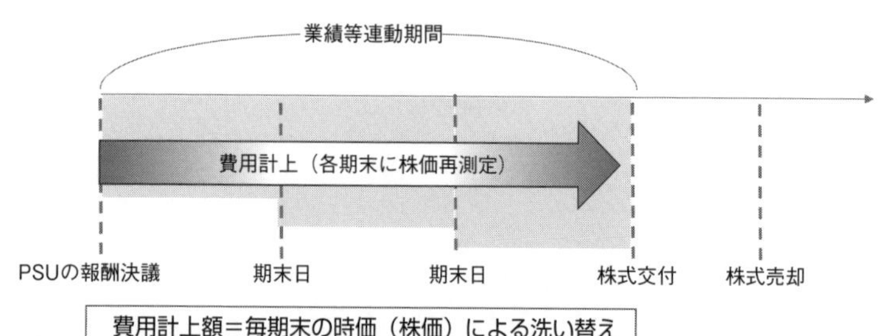

【仕訳（手続番号とリンク）】

① 報酬決議日

仕訳なし

決議時点では，株式の発行はなく，また何らかの義務が生じている状況にもないことから，会計処理は行われません。

② 業績等連動期間の各期末日

株式報酬費用等	××	／	負債（引当金）	××

PSUの場合，役職員から職務執行を受ける会社が，事前に定められた条件（業績等の達成度合いに連動する株式数の決定方法）に従い，事後的に役職員に金銭報酬債権を付与し，役職員から当該債権の現物出資を受けます。

当該債権は，業績等連動期間における職務執行に対応する形で事後的に付与されるため，役職員からの職務執行に応じて，業績等連動期間にわたり株式報酬費用，及び対応する負債（引当金）を計上します。

また，株式報酬費用の金額については，業績の達成度合いだけではなく，株価の変動によっても影響を受けることになります。最終的な金銭報酬債権の金額は，「業績等連動期間の末日等の株価×株数（業績目標の達成度合いにより変動する）」という算式で決定されるため，経過期間に応じて義務も生じていると考えられます。

そのため，費用計上額も毎期末の時価（株価）により測定し直していく，すなわち，事後的な時価（株価）の変動を反映して毎期洗い替えていくと考えられます。

具体的には，各期末の費用計上累計額は「期末の株価×期末時点の業績目標の達成可能性を考慮した株数（ユニット）×（経過月数÷業績等連動期間）」として算定され，前期末時点での費用計上累計額との差額が当期に費用計上されることになると考えられます。

③ 会社から役職員への金銭報酬債権の付与時

負債（引当金）	××	／	金銭報酬債務	××

役職員に対して金銭報酬債権を付与することにより，会社は確定債務への

振替処理を行うことになります。

④ 役職員から会社への金銭報酬債権の現物出資時

金銭報酬債権	××	／	払込資本	××

会社が役職員から現物出資される金銭報酬債権は，払込資本（資本金及び資本準備金）として純資産の部に計上します。

なお，株式発行時には金銭報酬債権債務の相殺を行います。

金銭報酬債務	××	／	金銭報酬債権	××

⑤ 業績等不達成により金銭債権等の付与可能性が消滅した時

負債（引当金）	××	／	株式報酬費用	××

結果的に業績目標が達成できなかった場合，株式の交付は行われないことから，負債として計上した株式報酬相当の金額につき株式報酬費用を相手勘定として取り戻す処理が考えられます。

【設例】

<前提>

A社（3月決算）は，×1年6月の株主総会において，役員7名に対して中期計画の対象期間（×2年3月期から×4年3月期）における業績目標の達成率に応じた数の株式を報酬として交付すること，及び交付する株式数の上限を1,500株とすることを決議した。

×1年7月の取締役会において，交付株式数の算出にあたって必要となる以下の指標等を決定した。

- ・達成する指標…営業利益
- ・達成目標額…中期計画3年累計の営業利益30億円
- ・交付株式数…基準交付株式数×業績評価係数（0％～200％）
- ・基準交付株式数（※）基準額÷株価（業績評価期間の開始日前日終値）
- ・業績評価期間…（×1年7月から×4年6月）
- ・交付株式数に基づく金銭報酬債権額は，業績評価期間終了後の取締役会決議時の株価により算出する。

（※）基準交付株式…1人あたり基準額100,000÷株価1,000/株＝1人あたり100

株と算出

＜会計処理＞

①　×１年７月の取締役会

仕訳なし

②　×２年３月期末の会計処理

×2年３月期の営業利益の実績値８億円であり，×3年３月期と×4年３月期の累計で25億円の営業利益が見込まれている。×2年３月期末の株価は1,200/株である。

株式報酬費用	231,000	／	負債（引当金）	231,000

【算出過程】

・業績評価係数…（実績８億＋見込25億）÷目標30億＝110％

・１人あたり交付株式数…基準交付株数（100株）×業績評価係数（110％）=110株

・報酬決議時から×2年３月期末までの期間…９か月

・業績評価期間…36か月（×1年７月から×４年６月）

・株式報酬費用…株価1,200/株×110株×７名×９月/36月＝231,000

③　×3年３月期末の会計処理

×3年３月期の営業利益の実績値12億円であり，４年３月期は16億円の営業利益が見込まれている。×3年３月期末の株価は1,500/株である。

株式報酬費用	504,000	／	負債（引当金）	504,000

【算出過程】

・業績評価係数…（実績８億＋実績12億＋見込16億）÷目標30億＝120％

・１人あたり交付株式数…基準交付株数（100株）×業績評価係数（120％）=120株

・報酬決議時から×2年３月期末までの期間…21か月

・業績評価期間…36か月（×1年７月から×４年６月）

・株式報酬費用…株価1,500/株×120株×７名×21月/36月－231,000＝504,000

④　×4年３月期末の会計処理

×4年３月期は25億円の営業利益を達成した。×4年３月期末の株価は2,000/株である。

株式報酬費用	1,190,000	／	負債（引当金）	1,190,000

【算出過程】

・業績評価係数…（実績８億＋実績12億＋実績25億）÷目標30億＝150％

・１人あたり交付株式数…基準交付株数（100株）×業績評価係数（150%）=150株

・報酬決議時から×2年３月期末までの期間…33か月

・業績評価期間…36か月（×1年７月から×4年６月）

・株式報酬費用…株価2,000/株×150株×７名×33月/36月－(231,000+504,000)＝1,190,000

④　×4年７月 現物出資時の会計処理

業績評価期間終了後の×4年７月の取締役会決議で目標達成に応じた株式交付を決議した。

取締役会決議時の株価は2,500/株である。

株式報酬費用	700,000	／	負債（引当金）	700,000

【算出過程】

株式報酬費用…株価2,500/株×150株×７名－(231,000+504,000＋1,190,000)＝700,000

負債（引当金）	2,625,000	／	金銭報酬債務	2,625,000
金銭報酬債権	2,625,000	／	資本金	2,625,000
金銭報酬債務	2,625,000	／	金銭報酬債権	2,625,000

（注）現物出資額…株価2,500/株×150株×７名=2,625,000

(ロ)　株式交付信託（業績条件あり）

株式交付信託（業績条件なし：136頁(3)②(ロ)）との相違は，役職員へのポイント付与が業績目標達成程度に応じてなされる点であり，会計処理としては同様です。

【参考】会社法改正による株式の無償交付の会計処理

2021年3月施行の改正会社法において，上場会社が取締役に対し報酬として株式を発行する場合には金銭の払込み等を要しないこと（無償交付）が新たに定められました。これにより，「会社から取締役に金銭報酬債権を付与し，取締役はそれを会社に現物出資することにより株式の交付を受ける」という手続き（現物出資方式）を経ない株式の無償交付が可能になっています。

無償交付を採用した場合，現物出資方式とは異なった会計処理になります。無償交付を採用した場合の会計処理を定めた「取締役の報酬等として株式を無償交付する取引に関する取扱い（実務対応報告41号）」では，無償交付により株式の発行等をする場合における会計処理が事前交付型と事後交付型に分けて示されています。

(1)　事前交付型の会計処理

事前交付型とは，取締役の報酬等として株式を無償交付する取引のうち，対象勤務期間の開始後速やかに，契約上の譲渡制限が付された株式の発行等が行われ，権利確定条件が達成された場合には譲渡制限が解除されるが，権利確定条件が達成されない場合には企業が無償で株式を取得する取引をいい，RS及びPSがこれに該当します。

ここでは無償交付型のRSについての会計処理を設例で説明します。

【設例】

＜前提＞

A社（3月決算）は×1年6月の株主総会において，役員報酬としての募集株式の数の上限等を決議するとともに，同日の取締役会において，役員7名に対しRSとして新株の発行を行うことを決議した。

また×1年7月1日に取締役との間で契約を締結し，1名当たり1,500株の株式を割り当て，無償交付を行った。

・役員の任期は1年。

・取締役と契約を締結した×1年7月1日を付与日とした。同日における株式の公正な評価単価は1,000/株であった。

・譲渡制限期間：株式発行日から譲渡制限解除までの期間は3年間（×4年6月まで)。

・譲渡制限解除条件：譲渡制限期間中，勤務を継続すること。

・条件を満たさない場合：譲渡制限株式は会社が無償取得する。

・×4年3月期末に将来の退任見込みを修正し，×4年6月末までに自己都合による退任が1名発生することを見込んだ。

・×4年4月から×4年6月末までに2名の自己都合による退任が発生した。

＜会計処理＞

① 新株発行（無償交付）時の会計処理

仕訳なし

② ×2年3月期末の会計処理

報酬費用	2,625,000	／	資本金	2,625,000

（注）1,500株×1,000/株×7名×9月/36月＝2,625,000

・対象勤務期間：36月（×1年7月から×4年6月）

・対象勤務期間のうち×2年3月末までの期間：9月（×1年7月から×2年3月）

・年度通算で費用が計上されるため，対応する金額を資本金として計上する。

③ ×3年3月期末の会計処理

報酬費用	3,500,000	／	資本金	3,500,000

（注）1,500株×1,000/株×7名×21月/36月－2,625,000＝3,500,000

・対象勤務期間のうち×3年3月までの期間：21月

・年度通算で費用が計上されるため，対応する金額を資本金として計上する。

④ ×4年3月期末の会計処理

報酬費用	2,125,000	／	資本金	2,125,000

（注）1,500株×1,000/株×（７名－１名）×33月/36月－（2,625,000＋3,500,000）
＝2,125,000

・対象勤務期間のうち×4年３月期の期間：33月

・期末時点で将来の退任見込みを修正し，×4年６月までに自己都合による退任が１名発生することを見込んだ。

・年度通算で費用が計上されるため，対応する金額を資本金として計上する。

⑤　役員２名退任時（＝会社による株式の無償取得時）の会計処理

仕訳なし

・取締役２名の退任に伴い，没収により自己株式3,000株を取得しているが，無償であるため，自己株式の数のみの増加として処理する。

⑥　×5年３月期末の会計処理

その他資本剰余金	750,000	／	報酬費用	750,000

（注）1,500株×1,000/株×（７名－２名）×36月/36月－（2,625,000＋3,500,000＋2,125,000）＝△750,000

・対象勤務期間のうち×4年６月末までの期間：36月

・権利確定日において取締役２名の退任を２名に修正した。

・年度通算で過年度に計上した費用を戻し入れるため，対応する金額をその他資本剰余金から減額する。

●●●図表Ⅳ－39　RS会計処理比較表（現物出資方式と無償交付　新株発行を前提とする）

	現物出資方式	無償交付
株式交付時	前払費用　××/金銭債務等×× 金銭債権等××/払込資本　×× 金銭債務等××/金銭債権等××	仕訳なし
各期末時	報酬費用　××/前払費用　××	報酬費用　××/払込資本　×× (年度通算で報酬費用戻入時)（注） その他資本剰余金××/報酬費用××
権利確定以前の失効等時	損失　　　××/前払費用　××	仕訳なし

（注）年度通算で過年度に計上した費用を戻し入れる場合，債権者保護手続きを経ずに払込資本を減額することは相当でないため，その他資本剰余金を減額することとされています。

⑵　事後交付型の会計処理

事後交付型とは，取締役の報酬等として株式を無償交付する取引のうち，契約上，株式の発行等について権利確定条件が付されており，権利確定条件が達成された場合に株式の発行等が行われる取引をいい，RSU及びPSUがこれに該当します。

ここでは無償交付型のRSUについての会計処理を設例で説明します。

【設例】

＜前提＞

B社（３月決算）は×1年６月の株主総会において，役員報酬としての募集株式の数の上限等を決議するとともに，同日の取締役会において，役員10名に対し報酬として，一定の条件を達成した場合に新株の発行を行うこととする契約を取締役と締結することを決議した。

また×1年７月１日に取締役との間で条件について合意した契約を締結した。

・割り当てる株式の数　取締役１名あたり1,000株

・割当の条件　×1年７月１日から×4年６月の間，取締役として業務を行うこと

・割当の条件を達成できなかった場合，契約は失効する。

・取締役と契約を締結した×1年７月１日を付与日とした。同日における株式の公正な評価単価は4,500/株であった。
・×1年７月の付与日において，×4年６月末までに１名の自己都合による退任に伴う失効を見込んでいる。
・×4年３月期中に１名の自己都合による退任が発生した。×4年３月末に将来の退任見込みを修正し，×4年６月末までに自己都合による退任が追加で１名発生することを見込んだ。
・×4年４月から６月末までに２名の自己都合による退任が発生した。
・権利確定した株式について×４年７月に取締役会決議により新株を発行している。
・新株発行に伴い増加する払込資本は，全額資本金とする。

＜会計処理＞

①　×2年３月期末の会計処理

導入決議日

仕訳なし

報酬費用の計上

報酬費用	10,125,000	／	株式引受権	10,125,000

（注）4,500/株×1,000株×（10名－１名）×９月/36月＝10,125,000

・報酬費用に対応する金額を純資産の部の株主資本以外の項目に株式引受権として計上する。
・対象勤務期間：36月（×1年７月から×4年６月）
・対象勤務期間のうち×2年３月末までの期間：９月

②　×3年３月期末の会計処理

報酬費用の計上

報酬費用	13,500,000	／	株式引受権	13,500,000

（注）4,500/株×1,000株×（10名－１名）×21月/36月－10,125,000＝13,500,000

・報酬費用に対応する金額を純資産の部の株主資本以外の項目に株式引受権として計上する。

・対象勤務期間　36月（×1年7月から×4年6月）

・対象勤務期間のうち×3年3月末までの期間　21月（×1年7月から×3年3月）

③　×4年3月期末の会計処理

報酬費用の計上

報酬費用	9,375,000	／	株式引受権	9,375,000

（注）4,500/株×1,000株×（10名－2名）×33月/36月－（10,125,000＋13,500,000）＝9,375,000

・期末時点において将来の退任見込みを修正し，×4年6月末までに自己都合による退任が追加で1名発生することを見込んだ。

・報酬費用に対応する金額を純資産の部の株主資本以外の項目に株式引受権として計上する。

・対象勤務期間　36月（×1年7月から×4年6月）

・対象勤務期間のうち×4年3月末までの期間　33月（×1年7月から×4年3月）

④　×5年3月期の会計処理

報酬費用の戻入

株式引受権	1,500,000	／	報酬費用	1,500,000

（注）4,500/株×1,000株×（10名－3名）×36月/36月－（10,125,000＋13,500,000＋9,375,000）＝△1,500,000

・期中において取締役2名が自己都合により退任したため，権利確定日において退任数を実績に修正した。

・費用の戻入が生じており，対応する金額を株式引受権から減額する。

・対象勤務期間　36月（×1年7月から×4年6月）

・対象勤務期間のうち×4年6月末までの期間　36月（×1年7月から×4年6月）

新株の発行

株式引受権	31,500,000	／	資本金	31,500,000

・権利確定条件の達成に伴い新株を発行した時点で，対応する株式引受権の残

高を資本金に振り替える。

3　税務上の取扱い

(1)　インセンティブ報酬制度に係る税務上の着眼点

①　制度導入に際しての確認事項

インセンティブ報酬制度に係る税務上の取扱いは多岐にわたります。制度導入に際しては，法人側の取扱いのみならず，受給者である役職員側の取扱いも踏まえ，将来の予期せぬ課税によりインセンティブ効果が阻害されないように注意する必要があります。

制度導入に際しての確認事項としては，主に下記の項目が挙げられます。

●●●図表Ⅳ－40　インセンティブ報酬制度の確認事項

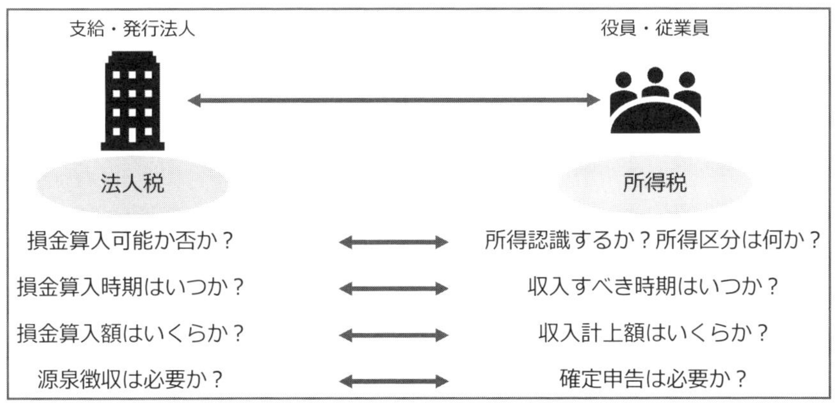

法人側からみた場合，支払報酬が損金算入されるのか，損金算入される場合はいつの事業年度で，損金算入額はいくらなのかがポイントになるでしょう。一方，役職員側からみた場合は，収入金額の所得区分は何か，収入すべき時期はいつで，収入計上額がいくらかがポイントになります。

さらに，納税方法として源泉徴収のタイミングや役職員側での確定申告の有無も忘れずに確認する必要があります。なお，本節では特に断りのない限り，インセンティブ報酬制度の対象者として役員を前提に説明します。

② インセンティブ報酬制度と各スキーム

第2章でみたように，インセンティブ報酬制度には様々なスキームがあります。しかし，税務上の取扱いは個々のスキームごとに定められているわけではないため，各スキームに共通する特性又はスキーム独自の特性を押さえた上で，図表Ⅳ－40の視点から確認する必要があります。

●●●図表Ⅳ－41　インセンティブ報酬制度と各スキーム

交付のタイミング	業績条件なし（注）			業績条件あり		
	金銭	新株予約権	株式	金銭	新株予約権	株式
事前交付型	－	② 通常型SO（税制適格SO）株式報酬型SO（１円SO）	③ RS（譲渡制限付株式）	－	⑥ 通常型SO（税制適格SO）株式報酬型SO（１円SO）	⑦ PS（譲渡制限付株式）
事後交付型	① 年次賞与	－	④ RSU 株式交付信託	⑤ 年次業績賞与 パフォーマンス・キャッシュ ファントム・ストック SAR	－	⑧ PSU 株式交付信託

（注）業績条件の達成の有無により，全てを支給するか（又は全てを支給しないか）を定めるスキーム（オール・オア・ナッシングタイプ）は業績条件なしに分類します（法基通９－２－15の５）。

⑵ 法人側の取扱い

① 役員報酬の損金不算入制度

法人税の所得計算上，役員報酬は無条件で損金算入されるわけではありません。この場合の損金算入の有無は，スキームによって左右されるわけではなく，税務上の要件を満たすか否かで決まります。

したがって，図表Ⅳ－41のいずれかのスキームに該当すれば無条件で損金算入されるわけではなく，各スキームに落とし込んだ上で，それが税務上の要件を満たすよう設計されているのかを確認する必要があります。

法人税法における役員報酬の損金算入の有無をまとめると下記のとおりです。

●●●図表Ⅳ－42　法人税における役員報酬の全体像（法法34）

<table>
<tr><td rowspan="9">役員に対して支給する給与等</td><td colspan="3">退職給与で業績連動給与に該当しないもの</td><td>174頁参照</td></tr>
<tr><td colspan="3">仮装隠蔽により支給する給与</td><td>損金不算入</td></tr>
<tr><td rowspan="7">上記以外</td><td rowspan="2">定期同額給与</td><td>不相当に高額</td><td>損金不算入</td></tr>
<tr><td>上記以外</td><td>損金算入</td></tr>
<tr><td rowspan="2">事前確定届出給与</td><td>不相当に高額</td><td>損金不算入</td></tr>
<tr><td>上記以外</td><td>損金算入</td></tr>
<tr><td rowspan="2">業績連動給与</td><td>不相当に高額</td><td>損金不算入</td></tr>
<tr><td>上記以外</td><td>損金算入</td></tr>
<tr><td colspan="2">上記以外</td><td>損金不算入</td></tr>
</table>

（注）使用人兼務役員の使用人分給与については省略しています。

インセンティブ報酬制度に係る損金算入の有無を考えた場合，上記図表Ⅳ－42中の「事前確定届出給与」又は「業績連動給与」のいずれかに当てはめて確認する必要があるため，本書ではこれらの項目を中心に説明します。

なお，説明に当たっては，交付物を株式とするボーナスプランを前提とし，退職金プラン（173頁），株式交付信託（176頁），SO（179頁）については項目を分けて説明します。

②　事前確定届出給与

(イ)　事前確定届出給与の要件

事前確定届出給与とは，役員の職務につき所定の時期に確定額（数）を交付する旨の定めに基づいて支給する下記の給与で，納税地の所轄税務署長にその定めの内容に関する届出をしているものをいいます。

- 確定した額の金銭
- 確定した数の適格株式（157頁②(イ)ⅱ）参照）
- 確定した数の適格新株予約権（184頁(ハ)ⅰ）参照）
- 確定した額の金銭債権に係る特定譲渡制限付株式（157頁②(イ)ⅲ）参照）
- 確定した額の金銭債権に係る特定新株予約権（184頁(ハ)ⅰ）参照）

なお，定期同額給与及び業績連動給与に該当する場合は，事前確定届出給与には該当しません（法法34①二）。

インセンティブ報酬制度に係る全体像との関係でみた場合は，図表Ⅳ－43「事前交付・業績条件なし②③」又は「事後交付・業績条件なし①④」に該当するスキームについて，事前確定届出給与の適用可否を検討することになります。

●●●図表Ⅳ－43　各スキームと事前確定届出給与

交付のタイミング	業績条件なし			業績条件あり		
	金銭	新株予約権	株式	金銭	新株予約権	株式
事前交付型	－	② 通常型SO（税制適格SO）株式報酬型SO（１円SO）	③ RS（譲渡制限付株式）	－	⑥ 通常型SO（税制適格SO）株式報酬型SO（１円SO）	⑦ PS（譲渡制限付株式）
事後交付型	① 年次賞与	－	④ RSU 株式交付信託	⑤ 年次業績賞与 パフォーマンス・キャッシュ ファントム・ストック SAR	－	⑧ PSU 株式交付信託

事前確定届出給与（①～④を囲む枠）

ⅰ）支給対象者

事前確定届出給与の支給対象となる役員については，後述する業績連動給与とは違い，要件はありません。したがって，監査役や社外取締役等に対して支給した場合であっても，これをもって損金不算入になることはありません。

ⅱ）交付物の要件――適格株式

事前確定届出給与の適用にあたり，交付物として株式を用いる場合には，当該株式は適格株式に限られます。

適格株式とは，内国法人又は関係法人が発行する株式で市場価格のある株式又は市場価格のある株式と交換される株式をいいます（法法34①二ロ）。このため，未上場株式は交付物の要件を満たさず，仮に交付したとしても損金不算入となります。

（注１）市場価格の有無の判定は，報酬決議時点で行います（「導入の手引」Ｑ７）。
（注２）関係法人とは，役員が役務を提供する法人との間に支配関係がある法人として所定の要件を満たすものをいいます（後述194頁参照）。

ⅲ）交付物の要件――特定譲渡制限付株式

特定譲渡制限付株式とは，下記要件の全てを満たすものをいい，スキームとしてはRS（上記図表Ⅳ－43③）が該当します（法法54①，法令111の２①②）。

a）　譲渡等が制限されており，譲渡制限期間が設けられていること。
b）　法人により無償取得される事由（無償取得事由）が定められていること。
c）　役務提供の対価として役員等に生じる債権の給付と引換に交付される株式であること又は，実質的に役務提供の対価と認められる株式であること。

さらに，交付物として株式を用いる場合には適格株式に限られますから，上記ⅱ）の要件も併せて満たした場合に，事前確定届出給与の要件を満たすことになります。

適格株式，譲渡制限株式及び特定譲渡制限株式の関係をまとめると次頁の図表Ⅳ－44のとおりです。

●●●図表Ⅳ－44　特定譲渡制限付株式

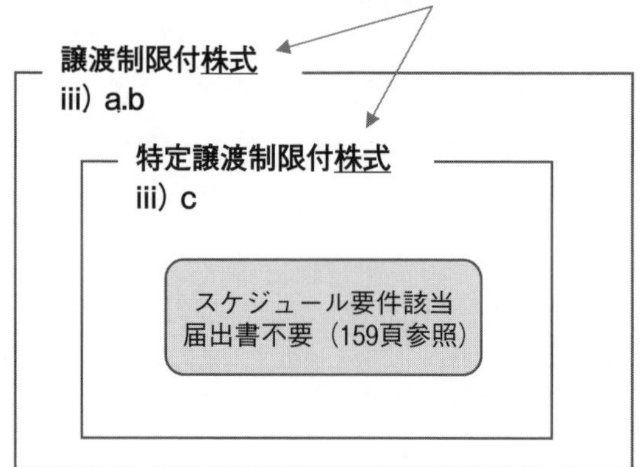

（注１）厳密には，上記(a)及び(b)を満たすものを譲渡制限付株式といい，さらに(c)の要件を満たすものを特定譲渡制限付株式といいます。
（注２）譲渡制限期間の決め方には，譲渡制限解除日を「○月○日」といった確定日とする方法のほか，「退任日」といった客観的事実に基づき定まる日とする方法も考えられます（法令111の２①一，「導入の手引き」Q21）。
（注３）譲渡制限の手法としては，普通株式の交付後に法人と役員等との間で譲渡制限付株式割当契約書を締結する方法や，種類株式を用いる方法等があります（「導入の手引き」Q21）。
（注４）無償取得事由は，役員等の勤務状況に基づく事由又は法人の業績等の指標の状況に基づく事由に限られます（法令111の２①二，「導入の手引き」Q22）。

iv）届出要件

a)　原則的な取扱い

事前確定届出給与は，予め納税地の所轄税務署長にその定めの内容に関する届出をしていることが要件となります。この場合の届出期間は下記のうちいずれか早い日とされます（法法34①二イ，法令69④一）。

- **確定報酬の決議日又は職務執行開始日のいずれか早い日（通常は株主総会による就任日）から一月を経過する日**
- **上記開始日の属する会計期間開始の日から四月を経過する日**

●●●図表Ⅳ－45　原則的な届出スケジュール

（例）３月決算法人で，６月25日開催の株主総会にて役員就任・職務執行開始

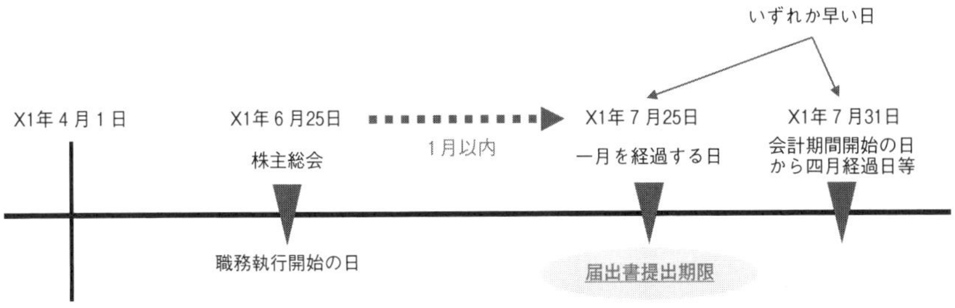

b）　特定譲渡制限付株式のスケジュール要件

上記原則的な取扱いの例外として，特定譲渡制限付株式については，下記要件を全て満たす場合に所轄税務署長への届出が不要になります（法令69③）。

- **職務執行開始日（定時株主総会日）から一月を経過する日までに株主総会（取締役会を含む）において「取締役個人別の確定額報酬又は確定数株式についての定め」と「決議日から一月を経過する日までに交付する旨を定め」をしていること。**
- **上記定めに従って交付していること。**

●●●図表Ⅳ－46　特定譲渡制限付株式のスケジュール要件

（例）３月決算法人で６月25日開催の株主総会にて役員就任・職務執行開始。
翌月７月15日開催の取締役会で各人別の確定報酬等を決議

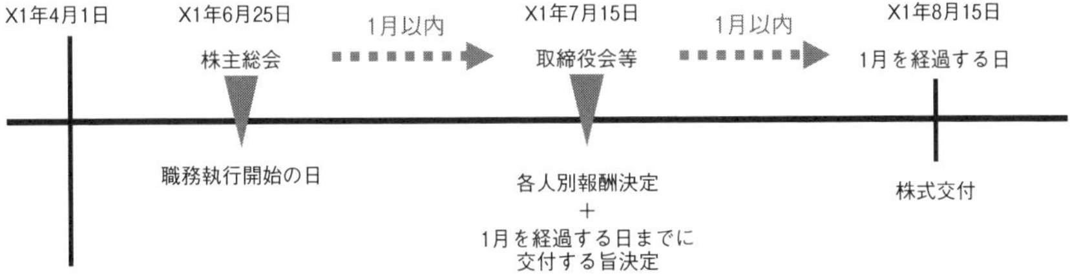

（出所）「導入の手引き」70頁を加工。

なお，スケジュール要件はあくまでも届出が不要か否かの論点であり，損金算入か否かとは直接関係ありません。このため，図表Ⅳ－43「事前交付・業績条件なし②③」の場合でスケジュール要件を満たさない場合には，原則どおり届出書を提出することにより損金算入が可能となります。一方で，「事後交付・業績条件なし①④」は特定譲渡制限付株式に該当しないため，原則どおり届出書の提出が必要となります。

(ロ) 事前確定届出給与の損金算入「時期」

前記(イ)の要件を満たし損金算入が可能となった場合の損金算入「時期」については，債務確定日基準を原則としつつ，特定譲渡制限付株式については別途取扱いが定められています。

ⅰ）原則的取扱い（債務確定日）

債務確定日を損金算入時期とする原則的な取扱いです。債務確定日としては，特定の日，特定期間が到来する日等の交付（支給）条件が成就する日が考えられます（退職金プランの場合は175頁(ロ)，株式交付信託スキームを活用する場合には178頁(ニ)参照）。

ⅱ）特定譲渡制限付株式の場合

特定譲渡制限付株式に係る損金算入時期は，「給与等課税額が生じることが確定した日」とされ，これは「無償取得をしないことが確定した日」を意味します。株式交付時点や譲渡制限解除時点で損金算入されるわけではないため注意が必要です。

また，無償取得事由に該当し，法人により無償取得された場合には，給与等課税額が発生しませんから，損金不算入となります（法法54①②，『改正税法のすべて（2017年版）』313頁）。

（注１）給与等課税額とは，役務提供をした個人において給与所得，事業所得，退職所得又は雑所得に該当するものをいいます（法令111の２③）。
（注２）実務上は「無償取得しないことが確定した日」と「譲渡制限解除日」が同日になるように設計することが一般的です。

㈧　事前確定届出給与の損金算入「額」

前記㈠の要件を満たし損金算入が可能となった場合の損金算入「額」については，交付物が確定した額の金銭債権に係る特定譲渡制限付株式又は確定数給与のいずれに該当するかで異なります。

確定数給与とは，所定の時期に，確定した数の株式等を交付する旨の定めに基づいて支給する給与で，定期同額給与，業績連動給与，スケジュール要件を満たす事前確定届出給与以外のものをいいます。つまり，158頁a）の原則的な届出書を提出する事前確定届出給与が該当し，スキームとしては図表Ⅳ－43「事後交付・業績条件なし④」が該当します（法令71の3①）。

ｉ）確定した額の金銭債権に係る特定譲渡制限付株式

交付物として確定した額の金銭債権に係る特定譲渡制限付株式を用いた場合の損金算入額は，現物出資方式の場合，当該特定譲渡制限付株式の交付につき給付され，又は消滅した債権の額に相当する金額となります（法令111の2④）。これは，199頁図表Ⅳ－75の役職員により現物出資された報酬債権等の額を意味します。無償交付の場合，当該譲渡制限付株式の交付された時の価額となります（法令111の2④一）。

ⅱ）　確定数給与

確定数給与に該当する場合の損金算入額は，報酬の内容を決議した時点の株価に交付株式数を乗じて計算した金額（交付決議時価額）となります（法令71の3）。

上記ｉ），ⅱ）ともに，損金算入時期における株価に基づいて損金算入額が決まるわけではなく，また，法人側の損金算入額は，後述する個人側（役職員側）の収入金額とは一致しない点に注意が必要です（191頁③）。

以上，㈹損金算入時期及び㈧損金算入額を図表Ⅳ－43（156頁）のインセンティブ報酬制度から抜粋してまとめると，下記の取扱いとなります。

●●●図表Ⅳ－47　事前確定届出給与の損金算入時期・損金算入額

	業績条件なし	税務区分	損金算入時期	損金算入額
事前交付型	③ RS（譲渡制限付株式）	特定譲渡制限付株式	給与等課税額が生じることが確定した日	①現物出資方式 特定譲渡制限付株式の交付につき給付され又は消滅した債権の額 ②無償交付 特定譲渡制限付株式の交付された時の価額
事後交付型	④ RSU 株式交付信託	確定数給与	債務確定日	交付決議時価額

（注）「非適格SO又は株式報酬SO」については184頁(ハ)参照。

(ニ)　事前交付型と事後交付型との比較

同じ事前確定届出給与での検討対象となるスキームでも，「事前交付型③」と「事後交付型④」とでは，下記取扱いに違いが生じます。

i）配当受領権と議決権の有無

特定譲渡制限付株式であっても，配当受領権や議決権を否定するものではありません。したがって「事前交付型③」の場合には，譲渡制限期間中の配当金受領や議決権行使が可能という点で，「事後交付型④」とは取扱いが異なります。

ii）資本金等の増加タイミング

会社法上，現物出資方式の場合，株式報酬は「役員に対する金銭報酬債権の付与」と「当該金銭報酬債権の現物出資による株式交付」と整理されています（199頁図表Ⅳ－75参照）。

税務上もこれを踏まえ，株式交付をした時点で資本金等の額が増加するため，「事前交付型③」と「事後交付型④」とでは，資本金等の額の増加するタイミングが異なります。

特定譲渡制限付株式のように譲渡制限が付されているものであっても，交付時点で資本金等の額が増加し，その後無償取得事由に該当した場合でも，いったん増加した資本金等の額は減少しません。

資本金等の額の金額は法人住民税の均等割りや外形標準課税（法人事業税）の資本割の計算に影響を及ぼすため注意が必要です。

なお，無償交付の場合も，譲渡制限付株式の公正な評価額を役務の提供期間に応じて報酬費用として計上し，その費用計上額に対応した資本金等の額を増加させるという処理を行うことになります。

③　業績連動給与

(イ)　業績連動給与の要件

業績連動給与とは，業務執行役員に対して支給する下記給与で，利益の状況を示す指標その他一定の指標（以下，「業績連動指標」）を基礎として算定されるものをいいます。

a）　金銭
b）　適格株式
c）　適格新株予約権
d）　特定譲渡制限付株式で無償取得される株式の数が役務の提供期間以外の事由により変動するもの。
e）　特定新株予約権で消滅する新株予約権の数が役務の提供期間以外の事由により変動するもの。

上記のうち損金算入の対象となる業績連動給与はa），b），c），e）に限られ，さらに下記ｉ）～ix）の要件を全て満たした場合に損金算入が可能になります。

一方d）については，業績連動給与という定義には含まれるものの，損金不算入となる点に注意が必要です（法法34①三，法基通９－２－16の２）。

●●●図表Ⅳ－48　業績連動給与の範囲と損金算入の有無

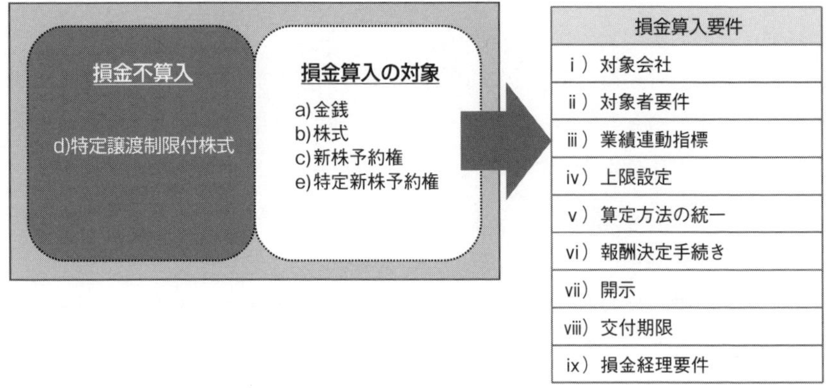

※全ての要件を満たして損金算入可能

（注）適格株式及び特定譲渡制限付株式については，157頁ⅱ）ⅲ）参照。

これをインセンティブ報酬制度に係る全体像との関係でみた場合，「事後交付・業績条件あり⑤⑧」に該当するスキームについて，業績連動給与の適用可否を検討することになります。一方，「事前交付・業績条件あり⑦」については，上記 d）に該当するため損金不算入となります。

●●●図表Ⅳ－49　各スキームと業績連動給与

交付のタイミング	業績条件なし			業績条件あり		
	金銭	新株予約権	株式	金銭	新株予約権	株式
事前交付型	－	② 通常型SO（税制適格SO）株式報酬型SO（１円SO）	③ RS（譲渡制限付株式）	－	⑥ 通常型SO（税制適格SO）株式報酬型SO（１円SO）	⑦ PS（譲渡制限付株式）
事後交付型	① 年次賞与	－	④ RSU 株式交付信託	⑤ 年次業績賞与 パフォーマンス・キャッシュ ファントム・ストック SAR	－	⑧ PSU 株式交付信託

⑦：損金不算入
⑤⑥⑧：業績連動給与

（注）「通常型SO又は株式報酬SO」⑥については183～187頁参照。

業績連動給与の要件は多岐にわたるため，制度設計や運用面においても広範囲な注意が必要となります。

ｉ）対象会社の要件

業績連動給与の損金算入の適用を受けられる法人は，非同族会社及び非同族会社の100％子会社に限られます。つまり，上場会社であっても同族会社が同制度を導入した場合には損金不算入となります（法法34①三）。

事前確定届出給与では導入会社自体の要件はありませんでしたが，業績連動給与では導入会社の要件を満たすか否かを最初に確認する必要があります。

図表Ⅳ－50　対象会社の範囲

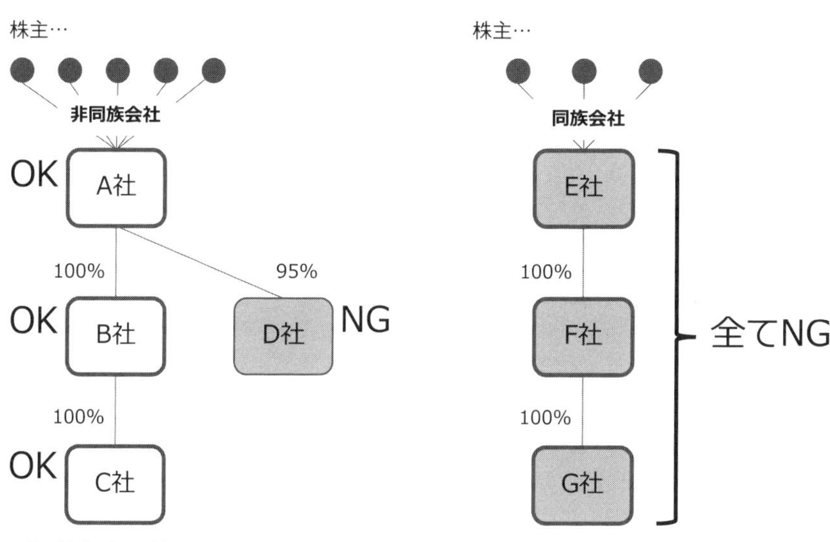

ⅱ）対象者要件

損金算入となる業績連動給与の対象者は業務執行役員に限られ，全ての業務執行役員に対して損金算入の要件を満たす必要があります。

事前確定届出給与と異なり，法人の役員であれば誰でも損金算入の対象になるわけではなく，また，業務執行役員のうち一部の者のみを対象にすることはできない点に注意が必要です（法令69⑨，法基通９－２－17）。

会社法上の設置機関別に見た場合，業務執行役員の範囲は次頁の図表Ⅳ－51

のとおりです。

●●●図表Ⅳ－51　設置機関別の業務執行役員の範囲

	設置機関	業務執行役員	左記以外
①	監査役会設置会社	➢代表取締役 ➢業務執行取締役	➢社外取締役 ➢監査役，会計参与
②	指名委員会等設置会社	➢代表執行役 ➢執行役	取締役
③	監査等委員会設置会社	➢代表取締役 ➢業務執行取締役	監査等委員である取締役 社外取締役
④	取締役会非設置会社	➢各取締役	

ⅲ）業績連動指標

業績連動給与の算定基礎となる業績連動指標は，職務執行期間開始日以後に終了する事業年度等の「利益」，「株価」又は「売上高」に限られます。さらに，売上高については利益や株価と同時に用いる場合にのみ認められ，単独で用いることはできません（法法34①三イ，法令69⑩⑪⑫，法基通９-２-17の４）。

また，一事業年度における業績連動指標のほか，複数事業年度に係る業績連動指標を用いることも可能です。

業績連動指標の例示としては，次頁の図表Ⅳ－52が考えられます。

●●●図表Ⅳ－52　業績連動指標の例示

区分	号	例示（ただし有価証券報告書等に記載されるものに限ります）
利益 （法令69条⑩） 「導入の手引き」Q61	一	営業利益，経常利益，税引前当期純利益， 当期純利益，複数年度の累積利益
	二	EBITDA（利払い前・税引前・減価償却前当期利益）
	三	ESP（一株当たり当期純利益），売上高営業利益率 ROA（総資本利益率），ROE（自己資本利益率）
	四	当期純利益（前期比や計画比）， 営業利益率（前期他社比や当期他社比）
	五	EBIT（利払い前・税引前当期利益），ROCE（使用資本利益率） ROIC（投下資本利益率），部門別営業利益
株価 （法69条⑪） 「導入の手引き」Q62	一	株価，株価の平均値
	二	株価増減額や騰落率 （過年度比，計画比，他社比，株価インデックスとの対比）
	三	時価総額
	四	TSR（株主総利回り）
	五	上記を組み合わせて得た指標等
売上 （法69条⑫） 「導入の手引き」Q63	一	売上高
	二	売上高から費用の額を減算して得た額（酒税抜売上高etc）
	三	売上高の増加額（率），計画比，他社比
	四	前各号に掲げる指標に準ずる指標

（注１）上記指標は有価証券報告書に記載されているものに限られ，個別財務諸表のほか，連結財務諸表の指標を用いることも可能です（法基通９－２－17の３）。
（注２）配当（69⑪四を除く）及びキャッシュフローは算定指標には該当しません（法基通９－２－17の２）。
（注３）支給額の算定方法に，要件を満たす部分と満たさない部分とが混在する場合は，要件を満たす部分が明示的に切り分けられるときは，要件を満たす部分についてのみ損金算入可能と考えられます（「導入の手引き」Q70）。

企業経営においては経営戦略に沿ったKPIの設定が極めて重要ですが，KPIと業績連動給与の算定基礎となる業績連動指標が完全に一致するわけではないという点に注意が必要です。

iv）上限設定

業績連動給与には，上限を設定する必要があります。金銭による給与であれば確定した額を，株式等による給与であれば確定した数を限度とする必要があり，この場合の限度額（数）は具体的数値でなければなりません。具体的数値により上限額を設定しない場合は，損金不算入となるため注意が必要です（法法34①三イ(1)，法基通9－2－18）。

●●●図表Ⅳ－53　上限設定と開示例

OKパターン

～なお，総支給額は3億5千万円を上限とします。
～支給総額は下記（1）により調整した金額と（2）3億5千万円とのいずれか少ない金額とします。
～ただし，支給する株式の総数は，100,000株を上限とします。

NGパターン

～なお，総支給額は経常利益の○%を上限とします←確定額ではない
～支給総額は下記（1）により調整した金額とします←上限設定無し
～ただし，支給する株式の総数は，発行済株式総数の○%を上限とします←確定数ではない

（注）開示要件については後述vii）参照。

v）算定方法の統一

業績連動給与は，他の業務執行役員に対して支給する業績連動給与に係る算定方法と同様のものであることが要件とされています（法法34①三イ(1)）。

ただし，全ての業務執行役員について同一の指標を用いることまでは強制されておらず，業務執行役員の職務内容等に応じて合理的な指標を定めている場合には，業務執行役員ごとに異なる指標を用いることも可能と解されています。

また，居住者役員については株式を交付し，非居住者役員については株数に相当する金銭を交付する方法や，死亡により退任した場合には金銭により交付する方法等も，予め算定方法に織り込めば可能と解されています（「導入の手

引き」Q69)。

●●●図表Ⅳ－54　担当部門別の業績連動指標イメージ

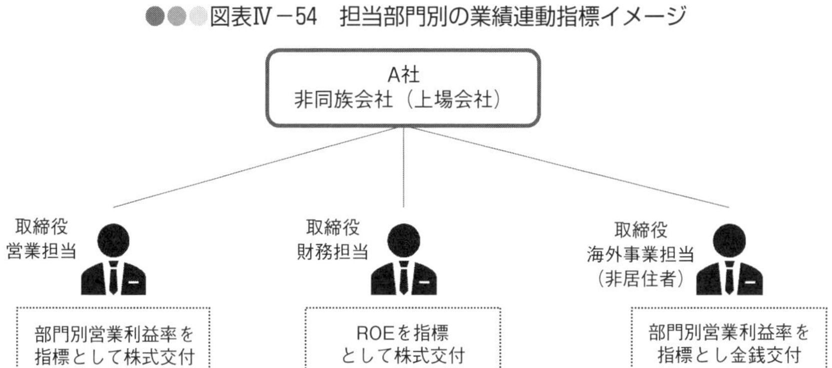

vi）報酬決定手続きの要件

損金算入の対象となる業績連動給与は，当該給与に係る職務執行開始の日の属する会計期間開始の日から三月を経過する日までに，会社法上の適法な手続きを経て決定したものでなければなりません（法法34①三イ(2)，法令69⑬⑯）。

会社法上の手続きについては，対象法人の設置機関に応じてそれぞれ図表Ⅳ－55（次頁）のとおりとなります。

●●●図表Ⅳ－55　設置機関別手続き要件

設置機関	手続き及び要件
指名委員会等設置会社	＜報酬委員会による決定＞ ①構成委員の要件 a）委員の過半数が独立社外取締役（注１）であること。 b）業務執行役員の特殊関係者（注２）が委員でないこと。 ②決議の要件 独立社外取締役の全員が報酬決議に賛成していること。
監査役会設置会社又は監査等委員会設置会社	＜株主総会決議による決定＞ 又は ＜報酬諮問委員会（注３）の諮問等を経た取締役会決議による決定＞ ①報酬諮問委員会の構成委員の要件 a）委員の過半数が独立社外取締役等（注４）であること。 b）業務執行役員の特殊関係者（注２）が委員でないこと。 ②報酬諮問委員会の意見に係る決議の要件 c）独立社外取締役等の全員が決議に賛成していること。 d）当該決定に係る給与の支給をうける業務執行役員が決議に参加していないこと。

（注１）独立社外取締役とは，会社法に規定する社外取締役である独立職務執行者（職務の独立性が確保された者として所定の要件を満たす者）をいいます（法令69⑭⑱）。
（注２）特殊関係者には，業務執行役員の親族等が該当します（法令69⑮）。
（注３）報酬諮問委員会とは，取締役会の諮問に応じ，業務執行役員の個人別の給与の内容を調査審議し，及びこれに関し必要と認める意見を取締役会に述べることができる３名以上の委員から構成される合議体をいいます（法令69⑯三）。
（注４）上記（注１）の範囲には社外監査役である独立職務執行者が含まれます（法令69⑯三イ）。

報酬委員会又は報酬諮問委員会については，それぞれ構成員要件と決議要件の両方を満たす必要があることに注意が必要です。

vii）開示要件

業績連動給与に係る算定方法等の内容は，上記vi）による決定手続き終了の日以後遅滞なく有価証券報告書等（注１）へ記載することにより開示されなければなりません。具体的には，下記内容を全ての業務執行役員についてそれぞれ開示（注２）する必要があります（法法34①三イ⑶，法基通９－２－19）。

a)　業績連動給与の算定の基礎となる業績連動指標 b)　支給の限度としている確定した額（数） c)　客観的な算定方法の内容

（注1）有価証券報告書のほか，四半期報告書，半期報告書，臨時報告書による開示や，証券取引所の適時開示による方法も認められています（法規22の3⑥）。
（注2）個々の業務執行役員ごとの算定方法が明らかになるのであれば，同様の算定方法を用いる業績連動給与について包括的な開示も認められます（法基通9－2－19）。
（注3）報酬期間が複数事業年度にわたる場合には，報酬決定初年度に開示を行う必要があります（「導入の手引き」Q65）。

viii）交付期限

業績連動給与の対象となる交付物は，業績連動指標の数値が確定した日から2月を経過する日までに交付され，又は交付される見込みでなければなりません。この場合の業績連動指標が確定した日とは，例えば株式会社については定時株主総会において決算承認を受けた日等をいいます（法令69⑲一イ(2)，法基通9－2－20）。

●●●図表Ⅳ－56　株式の交付期限　（図表Ⅳ－49⑧ PSUの場合）

（注1）交付物として金銭を用いる場合（図表Ⅳ－49⑤参照）には業績連動指標の数値が確定した日の翌日から1月を経過する日までに支給する必要があります（法令69⑲一イ(1)）。
（注2）複数の交付物を併用する場合には，それぞれに定める日のうち最も遅い日までに交付する必要があります。

ix）損金経理要件

業績連動給与の額については損金経理をする必要があります。また，業績連動指標の算定期間が複数事業年度にわたる場合もありうることから，業績連動給与の見込額として損金経理により引当金勘定に繰り入れた金額を取り崩す方法により経理する方法も認められます（法令69⑲二）。

この場合の損金経理は会計上の費用計上額で足り，税務上の損金算入額そのものが損金経理されていることまで求めるものではありません。このため，会計上の損金経理した金額と税務上の損金算入額とが異なる場合であっても，損金経理要件を満たすことになります（後述(ハ)参照）。

(ロ)　業績連動給与の損金算入「時期」

163頁(イ)の要件を満たし損金算入が可能となった場合の損金算入「時期」は，債務確定日基準に基づき判断することになります。この場合，業績連動指標として利益や売上高を用いた場合には，定時株主総会において決算承認を受けた日となり，株価を用いた場合には，予め算定方法で定めた期日や一定期間の末日等合理的な日になると考えられます。

（注）退職金プランの場合には175頁(ロ)，株式交付信託を活用する場合には178頁(ニ)参照。

(ハ)　業績連動給与の損金算入「額」

163頁(イ)の要件を満たし損金算入が可能となった場合の損金算入「額」は，交付物が金銭か適格株式かで異なります。

交付物が金銭の場合には，算定方式により導き出された額そのものであるのに対し，交付物を適格株式とした場合には，交付時の市場価格を基礎として算定される金額となります（法基通９－２－20の２）。

以上，(ロ)損金算入時期及び(ハ)損金算入額を図表Ⅳ－49のインセンティブ報酬制度から抜粋してまとめると，下記の取扱いとなります。

●●●図表Ⅳ－57　業績連動給与の損金算入時期・損金算入額

	業績条件あり	交付物	損金算入時期	損金算入額
事後交付型	年次業績賞与 パフォーマンス・キャッシュ ファントム・ストック SAR ⑤	金銭	債務確定日	算定方式に基づき算出した金額
	PSU 株式交付信託 ⑧	株式		交付時の市場価格を基礎として計算した金額

④　退職金プラン

前記③までは，役員在任中に株式等を交付するボーナスプランを前提としましたが，これを退職金プランとして退任時に株式等を交付するスキームとして活用した場合，税務上の取扱いはどうなるでしょうか。

退職金プランとして活用する場合，法人側では役員退職金として損金算入の有無等を検討し，役員側では退職所得として課税関係を検討することになります。

(イ)　役員退職金の損金不算入制度

役員報酬と同様に，役員退職金も無条件で損金算入されるわけではありません。また，損金算入の有無がスキームによって左右されるわけではなく，税務上の要件を満たすか否かで決まる点も役員報酬と同じです。法人税法における役員退職金の損金算入の有無をまとめると，次頁の図表Ⅳ－58のとおりです。

●●●図表Ⅳ－58　法人税における役員退職金の全体像

役員退職金	仮装隠蔽により支給する給与		損金不算入
	業績連動給与	不相当に高額	損金不算入
		上記以外	損金算入
	事前確定届出給与	不相当に高額	損金不算入
		上記以外	損金算入
	上記以外（注１）（注２）		損金不算入

（注１）いわゆる功績倍率法（役員の退任直前の給与，勤務期間及び職責に応じた倍率を乗じる方法）は，業績連動給与に該当しません（法基通９－２－27の３）。

（注２）法人税基本通達９－２－27 の２が新設され，退職を基因とする支給か否かで異なっていた損金算入要件の整合性が図られることとなりました。

この通達では，役員の将来の所定の期間における役務提供の対価として譲渡制限付株式が交付される給与であって，その役務提供を受ける法人においてその期間の報酬費用として損金経理が行われるようなものは，譲渡制限期間の満了日がその役員の退任日であることによりその役員において所得税法上は退職手当等に該当するものであっても，法人税法上は退職給与に該当しない旨が定められています。

これにより，役員に対する退職給与は，改正前は業績連動給与に該当しない場合には特別な要件を満たすことなく損金算入されていましたが，改正後は業績連動給与又は事前確定届出給与に該当しない限り損金不算入となります。

上記のとおり，退職金プランとして株式等を交付するスキームでは，事前確定届出給与又は業績連動給与に該当しない限り損金算入となります。事前確定届出給与については前記②，業績連動給与については前記③でみた要件を満たす必要があります。

これらを，図表Ⅳ－41の報酬類型との関係でみた場合，次頁の図表Ⅳ－59のようになります。

●●●図表Ⅳ－59　インセンティブ報酬制度と退職金プラン

交付のタイミング	業績条件なし			業績条件あり		
	金銭	新株予約権	株式	金銭	新株予約権	株式
事前交付型	－	② 通常型SO（税制適格SO）株式報酬型SO（１円SO）	③ RS（譲渡制限付株式）	－	⑥ 通常型SO（税制適格SO）株式報酬型SO（１円SO）	⑦ PS（譲渡制限付株式）　損金不算入
事後交付型	① 年次賞与	－	④ RSU 株式交付信託	⑤ 年次業績賞与 パフォーマンス・キャッシュ ファントム・ストック SAR	－	⑧ PSU 株式交付信託

要件ナシ又は事前確定届出給与（業績条件なしの欄および③・④）　業績連動給与（⑤・⑧）

⑷　**役員退職金の損金算入「時期」**

役員退職金の損金算入時期は，債務確定日基準を原則としつつ，交付物として特定譲渡制限株式を用いた場合には別途取扱いが定められています。

役員退職金に係る債務確定日は，原則として株主総会の決議等により具体的支給額が確定した日とされ，例外的に，退職金を支払った事業年度において損金経理をした場合には，支出事業年度での損金算入が認められます（法基通９－２－28）。

実務上，退職金プランのスキームを導入する場合，制度導入時には株主総会決議を行うものの，退任時に改めて株主総会による支給決議を行わないケースもあるようです。この場合，支給日をもって損金算入時期とする考え方もありますが，損金経理の必要がある点に注意してください。

（注１）上記図表Ⅳ－59③RS（特定譲渡制限株式）に係る損金算入時期は160頁⑷ⅱ）参照。

実務上は「無償取得をしないことが確定する日」及び「譲渡制限解除日」が退任日と同日になるように設計するのが一般的です。

（注２）上記図表Ⅳ－59④又は⑧の株式交付信託を活用する場合には178頁㈡参照。

⑷ 役員退職金の損金算入「額」

役員退職金の損金算入額は，原則として債務確定日（上記⑷参照）における時価を基礎として計算した金額であり，交付物として特定譲渡制限株式を用いる場合や，業績条件を設けて適格株式を交付する場合には別途取扱いが定められています。

（注1）図表Ⅳ－59③RS（特定譲渡制限株式）に係る損金算入額については161頁⑷ⅰ）参照。

（注2）業績条件を設けて適格株式を交付する場合（図表Ⅳ－59⑧）の損金算入額については172頁⑷をそれぞれ参照してください。

⑤ 株式交付信託

⑴ 株式交付信託と税務上の役員報酬（退職金）制度との関係

株式交付信託とは，信託を通じて役員に株式を交付する手法をいいます。前述までのスキームが導入法人と役員の二者間の取引であるのに対し，株式交付信託の場合は，両者の間に信託が介在するのが特徴と言えます。

（注）株式交付信託の概要は106頁⑵を参照。

株式交付信託はポイント付与後に株式が交付されることから，事後交付型スキームと整理され，ポイント付与の方法が勤務実績や役職に応じたものか業績に連動するかによって，事前確定届出給与又は業績連動給与のいずれかに当てはめて確認します。

また，受益権確定日が役員の在任期間中であればボーナスプランとされ，役員の退任を受益権確定の要件とした場合には，退職金プランとして活用されます。

インセンティブ報酬制度との関係で見た場合には，次頁の図表Ⅳ－60のようになります。

●●●図表Ⅳ－60　株式交付信託

交付のタイミング	業績条件なし			業績条件あり		
	金銭	新株予約権	株式	金銭	新株予約権	株式
事前交付型	－	② 通常型SO（税制適格SO）株式報酬型SO（１円SO）	③ RS（譲渡制限付株式）	－	⑥ 通常型SO（税制適格SO）株式報酬型SO（１円SO）	⑦ PS（譲渡制限付株式）
事後交付型	① 年次賞与	－	④ RSU 株式交付信託	⑤ 年次業績賞与 パフォーマンス・キャッシュ ファントム・ストック SAR	－	⑧ PSU 株式交付信託

ボーナスプラン→事前確定届出給与
退職金プラン→要件ナシ

業績連動給与

株式交付信託の導入事例をみると，退職金プランとして設計され，勤務期間や役職に応じてポイントが付与される（業績に連動しない）設計が多く見受けられます。これらに係る個別論点は既に述べたとおりですが，信託が絡むことによる追加論点として下記項目が挙げられます。

(ロ)　信託税制（受益者等課税信託）

信託に係る税務上の取扱いは，「受益者等課税信託」，「法人課税信託」，「集団投資信託（退職年金等信託，特定公益信託等を含みます）」に分類され，ほとんどの株式交付信託は「受益者等課税信託」として設計されています。

受益者等課税信託においては，信託財産に属する資産・負債及び収益・費用は受益者に帰属するものとみなされます。しかし，役員が受益者となるのは受益権確定日ですから，それまでの間は受益者が存在せず，このような場合は委託者である導入法人が受益者とみなされます（法法12①②）。

これにより，信託財産は導入法人自身に帰属し，税務上は一体として取り扱われるため，信託が行う外部との取引は導入法人自身の取引とみなし，導入法人と信託の間における取引は内部取引として税務上は認識しないことになります。

例えば，信託が取得する導入法人の株式は自己株式の取得と整理されるため，株式市場や導入法人自身からの取得であれば問題ありませんが，オーナー経営者等特定の者から取得する場合には，みなし配当に注意する必要があります。

この他にも，信託財産である株式への配当は同一法人内の資金移動として，税務上は認識しない等の特徴があげられます。

(ハ) 受益権確定前の一部売却

株式交付信託においては，源泉徴収相当額の納税資金を確保するために，受益権確定前に信託内で株式の一部を売却し，ポイントに応ずる株式と金銭の両方を交付するケースがあります。この場合，交付物の一部に金銭が含まれていますが，下記要件を全て満たせば全体として株式交付と認められます（信託協会Q&A 9，21)。

- **株式交付信託が株式報酬制度として株主総会の決議等を経ていること。**
- **株式の一部を売却（換価処分）することは源泉所得税等の納税資金を源泉徴収する目的であることを株式交付規程等で明確にすること。**
- **株式の一部を売却（換価処分）する場合の売却割合は，源泉徴収税額等との関係で合理的な範囲内とすること。**

仮に上記要件を満たさない場合，金銭による支給額が売却時の株価により変動することから業績連動給与に該当する可能性があり，別途業績連動給与の要件を満たさないときは損金不算入となるため注意が必要です。

(ニ) 株式交付信託の損金算入「時期」

事後交付型スキームとして整理される株式交付信託の損金算入時期は，債務確定日基準に基づき判断します。この場合の債務確定日とは，役員が受益者に該当し，信託財産である株式が役員に帰属した日（受益権確定日）となります(信託協会Q&A 4，19)。

退職金プランとして設計した場合であっても，受益権確定日が損金時期になる点がポイントです（175頁(ロ)参照)。

(ホ) 株式交付信託の損金算入「額」

株式交付信託に係る損金算入額は，原則として，「債務確定日（＝受益権確定日）の株価×交付株式数」となります（注）。

なお，株式交付信託における会計上の費用計上額は，信託による株式取得時点の株価を基に計算します（138頁ⅲ）参照）。このため，税務上の損金算入額と会計上の費用計上額は一致しない点に注意が必要です（信託協会Q&A 4, 19）。

(注) ボーナスプランとして事前確定届出給与の要件を満たすように設計した場合（確定数給与として設計した場合），損金算入額は交付決議時価額（取締役会において株式交付規程を決議した日の時価）になります（信託協会Q&A ３，４）。

⑥　S　O

(イ)　税務上の基本的取扱い

SOとは，会社の役員が職務執行の対価として付与される新株予約権で，将来の一定期間（権利行使期間）に，予め定められた一定の価額（権利行使価額）で株式を取得することができる権利をいいます。

SOでは，付与された新株予約権に譲渡の制限等が付されていることから，付与時には課税は行われません。原則的な課税関係を被付与者（役員）側の視点で見た場合，(A)権利行使価額，(B)権利行使時の時価，(C)譲渡対価の関係に応じて以下の課税関係になります。

(B)権利行使時の時価－(A)権利行使価額＝権利行使益………給与所得（総合課税） (C)譲渡対価－(B)権利行使時の時価＝株式譲渡益……………譲渡所得（分離課税）

●●●図表Ⅳ－61　税制非適格SOの原則的取扱い

（前提）権利行使価額(A)100，権利行使時の時価(B)150，譲渡対価(C)200

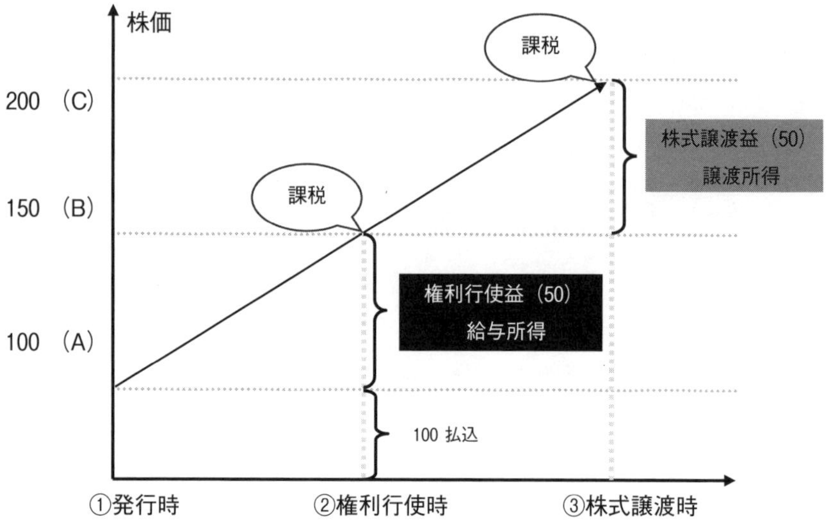

原則的取扱いによれば，権利行使をした時点で権利行使益（50）に対し給与課税が行われ，その後権利行使により取得した株式を譲渡した時点で株式譲渡益（50）に対して譲渡益課税が行われます。このような取扱いをするSOを，後述する税制適格SOと対比して税制非適格SO（以下「非適格SO」）といいます。なお，退任時に限り権利行使が認められている等退職に基因する場合には，権利行使益は退職所得として課税されます（所基通23～35共－６・６の２）。

上記原則的な取扱いに対して，租税特別措置法上の要件を満たすSO（以下「適格SO」）に該当する場合には，次頁の図表Ⅳ－62の課税関係になり，権利行使時の課税が繰り延べられます。

(C)譲渡対価－(A)権利行使価額＝株式譲渡益……………………譲渡所得(分離課税)

●●●図表Ⅳ－62　税制適格SOについての措置法の特例

前提は図表Ⅳ－61と同様。

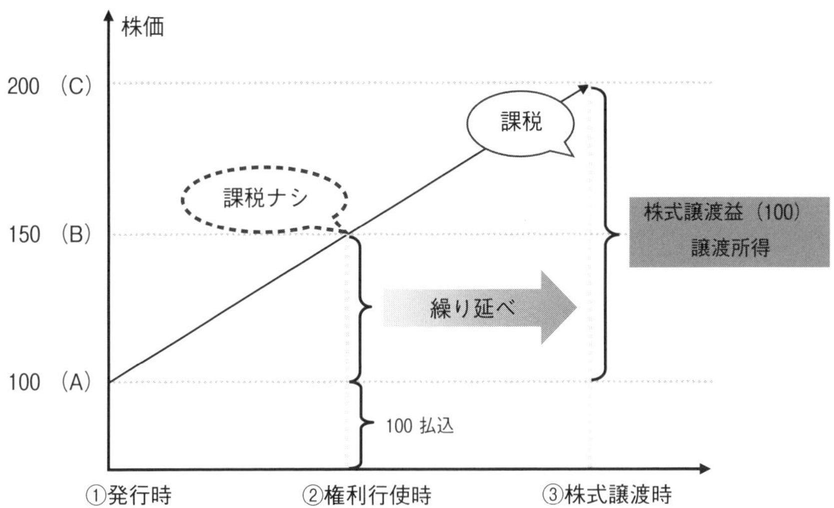

上記のとおり，適格SOと非適格SOとでは，被付与者（役員）側において権利行使時に課税が行われるか否かが最大の違いです。

非適格SOは権利行使時に給与所得として総合課税の対象になり，累進税率（最大55％）が適用されるのに対し，適格SOは株式譲渡時に譲渡所得として分離課税の対象となり一律20.315％が適用さるため，税金負担が抑えられます。とりわけ，権利行使時のキャッシュインがない中での税金負担を考えると，被付与者（役員）側にとっては適格SOのほうが有利と言えます。

一方，発行法人側においては，会計上費用計上する株式報酬費用が，損金の額に算入されるか否かが最大のポイントになります。この点，適格SOの場合は給与等課税事由が生じないため損金算入の余地はなく，非適格SOの場合には別途事前確定届出給与又は業績連動給与の要件を満たせば，損金算入は可能になります。

上記の違いをまとめると図表Ⅳ－63のとおりです。

●●●図表Ⅳ－63　適格SOと非適格SOの違い

	発行法人側	被付与者（役員）側
適格SO	損金不算入	譲渡所得 ※給与等課税事由ナシ（注1）
非適格SO	損金算入（注2）	給与所得・退職所得等
	損金不算入	

（注１）給与等課税事由とは，役務提供をした個人において給与所得，事業所得，退職所得又は雑所得を生ずべき事由をいいます（法令111条の３②）。
（注２）ボーナスプラン，退職金プラン（退職時に限り権利行使を認めるスキーム等）のいずれの場合も事前確定届出給与又は業績連動給与の要件を満たす必要があります。

さらに，非適格SOとインセンティブ報酬制度との関係で見た場合には，下記のとおりになります。

●●●図表Ⅳ－64　非適格SOと税務上の役員報酬（退職金）制度

交付のタイミング	業績条件なし			業績条件あり		
	金銭	新株予約権	株式	金銭	新株予約権	株式
事前交付型	―	②通常型SO（税制適格SO）株式報酬型SO（１円SO）	③RS（譲渡制限付株式）	―	⑥通常型SO（税制適格SO）株式報酬型SO（１円SO）	⑦PS（譲渡制限付株式）
事後交付型	①年次賞与		④RSU 株式交付信託	⑤年次業績賞与 パフォーマンス・キャッシュ ファントム・ストック SAR		⑧PSU 株式交付信託
		↑事前確定届出給与			↑業績連動給与	

（注）通常型SO（適格SO）は損金不算入のため，事前確定届出給与及び業績連動給与の要件等は関係ありません。

(ロ)　適格SO

適格SOとして権利行使時に係る課税の繰延処理を行うためには，図表Ⅳ－65の要件の全てを満たす必要があります。

●●●図表Ⅳ－65　適格SOに係る課税の繰延処理の要件
（措法29の2①②，措令19の3①，措規11の3②）

	項目	内容
A	発行要件	金銭の払込（金銭以外の資産の給付を含む）をさせないで発行された新株予約権であること（又は無償で発行された新株予約権であること）。
B	付与対象者（注1～3）	付与対象者は，発行会社又は一定の資本関係にある子会社等の取締役，執行役，使用人であること（大口株主等を除く）。
C	権利行使期間	権利行使は，付与決議の日後2年を経過した日から10年を経過する日までの間に行わなければなりません。
D	権利行使価額の上限（注4）	年間の権利行使価額の合計額が1,200万円を超えないこと。
E	権利行使価額	1株あたり権利行使価額は付与契約を締結した時の1株あたりの時価以上であること。
F	譲渡制限	新株予約権は譲渡をしてはならないこと。
G	株式交付	権利行使に伴う株式の交付が，会社法に基づく付与決議に反しないで行われること。
H	株式の保管	発行会社と金融商品取引業者等との間で管理信託等契約を締結し，当該契約に従い取得株式が振替口座簿に記載・記録され，又は保管の委託・管理等信託がされること。
I	誓約及び書類提出	付与対象者が付与決議日において大口株主等に該当しない旨の誓約をし，かつ，権利行使をした日の属する年において他の特定新株予約権等の権利行使の有無等を記載した書類を発行会社に提出すること。

（注1）子会社等とは，発行済株式（議決権ベース）の50％超を直接又は間接に保有する会社をいいます（措令19の3②）。

（注2）監査役を含まず，取締役等の相続人として一定の個人（権利承継相続人）を含みます（措令19の3⑤）。

（注3）大口株主等とは，上場会社の場合には発行済株式の10％超を，未上場会社の場合には発行済株式の3分の1超を保有する個人及びこれらの大口株主の親族等をいいます（措法29の2，措令19の3③）。

（注4）年間限度額を超過する場合には，超過することとなる権利行使分全体について給与課税が行われます（措法29の2①）。

図表中のC～Hは，新株予約権に係る契約（付与契約）において定められている必要があり，これらの要件を満たす新株予約権を「特定新株予約権等」といいます。

(ハ) 非適格SO

非適格SOについては，事前確定届出給与又は業績連動給与の要件を満たしたときに損金算入となります。

事前確定届出給与又は業績連動給与の要件は株式報酬における要件と基本的に同じですが，SOの場合には交付物として譲渡制限が付された新株予約権を用いることから，下記の違いがあげられます。

ⅰ）事前確定届出給与を適用する場合

非適格SOについて事前確定届出給与の適用を受ける場合（図表Ⅳ－64）には，当該新株予約権が「適格新株予約権」に該当し，かつ，「確定した額の金銭債権に係る特定新株予約権」に該当しなければなりません。

a. 適格新株予約権

適格新株予約権とは，内国法人又は関係法人が発行する新株予約権で，権利行使により市場価格のある株式が交付されるものをいいます（法法34①二ハ）。なお，ここでいう「適格」は前記(ロ)でいう税制「適格」SOとは何の関係もありません。混同しないように注意しましょう。

b. 特定新株予約権

特定新株予約権とは，下記要件の全てを満たすものをいいます（法法54の2①，法令111の3①）。

- **譲渡についての制限その他の条件が付されていること（譲渡制限付新株予約権であること）。**
- **譲渡制限付新株予約権と引換にする払込に代えて，役務提供の対価として役員等に生じる債権をもって相殺されていること。**
- **譲渡制限付新株予約権が実質的に役務提供の対価と認められるものであること。**

ここでも「特定新株予約権」という名称を使用していますが，上記で記載した「特定新株予約権等」と別の意味であり注意が必要です。

さらに，交付物として新株予約権を用いる場合には，適格新株予約権に限られるため，上記a.の要件も併せて満たした場合に，事前確定届出給与の要件を満たすことになります。

適格新株予約権，譲渡制限付新株予約権及び特定新株予約権の関係をまとめると下記のとおりです。

図表Ⅳ－66　特定新株予約権

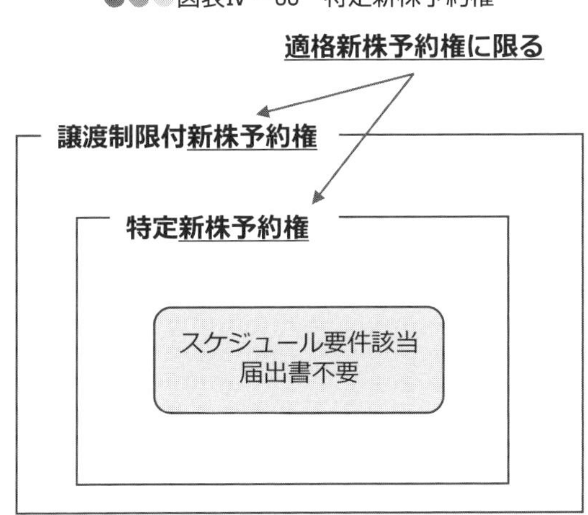

なお，事前確定届出給与に係る届出要件の原則及び例外的取扱い（スケジュール要件）については，株式報酬の場合と基本的に同じであるため，158頁を参照してください。

ⅱ）業績連動給与を適用する場合

非適格SOとして業績連動給与の適用を受ける場合の新株予約権の範囲は前記ⅰ）と同様に，「適格新株予約権」かつ「特定新株予約権」に該当する必要があります。

株式報酬においては，特定譲渡制限付株式で無償取得等される株式の数が役務の提供期間以外の事由により変動するものは，業績連動給与には該当するものの損金不算入とされていました（163頁③(イ))。しかし，特定新株予約権については，無償取得等される新株予約権の数が役務の提供期間以外の事由により変動するものであっても，他の業績連動給与の要件を満たせば損金算入可能となります。

なお，この場合の特定新株予約権の交付期限は169頁 vi）の報酬決定手続き終了の日の翌日から１月を経過する日までに交付されなければなりません。

●●●図表Ⅳ－67　特定新株予約権の交付期限

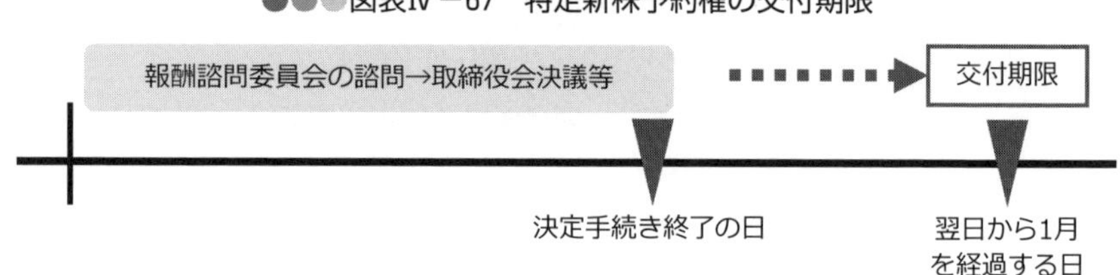

iii）損金算入時期と損金算入額

特定新株予約権に係る損金算入時期は，給与等課税事由が生じた日となります。この場合の給与等課税事由とは，被付与者（役員）側において，給与所得，退職所得等が生じる事由をいいます。つまり，権利行使時において発行法人側でも損金算入になるという意味です（法法54の２①，法令111の３②)。

また，特定新株予約権に係る損金算入額は当該特定新株予約権が交付された時の価額となり，通常は会計上計上した新株予約権の価額（公正評価額）になると考えられます（法令111の３③)。

(注) 確定数給与として適格新株予約権を付与した場合には，交付決議時価額をもって損金算入額になりますが，SOとして適用されるケースはないと思われます。

(ニ)　株式報酬ストック・オプション

非適格SOの代表例として，株式報酬SOが挙げられます。株式報酬SOとは，権利行使価格が１円に設定されているものをいい，１円SOとも言われます（97頁(ロ))。権利行使価格が１円ということは，おのずと税制適格要件を満たさず(図表Ⅳ－65参照)，非適格SOになります。

実務上，株式報酬SOは退職金プランとして活用され，権利行使事由を勤務実績等の業績に連動しない形で設計するケースが多いようです。これにより，権利行使時における被付与者（役員）側の納税負担を抑えつつ，発行法人側でも特段の要件を満たすことなく損金算入する効果を狙ったものだと考えられます（98頁図表Ⅳ－11参照）。

⑦　源泉徴収税額

(イ)　原則的取扱い

役職員に対して給与等や退職手当等を支払う場合には，源泉徴収が必要になります。

源泉徴収のタイミングや源泉徴収税額の計算の基礎となる収入金額は，役職員側での収入すべき時期，収入計上額に応じて異なります。事前交付型スキームの場合には，法人側での損金算入額と役員側での収入計上額が一致しないため，源泉徴収税額の計算も注意が必要です（191頁③参照）。

源泉徴収税額の計算は，ボーナスプランであれば賞与として徴収税額を計算し，退職金プランであれば退職手当等として徴収税額を計算します。さらに，退職金プランの場合には，「退職所得の受給に関する申告書」の提出の有無（注１）や短期退職手当等（注２），特定役員退職手当等（注３）に該当するか否かによっても取扱いが異なります（所法183，186，199，201）。

（注１）「退職所得の受給に関する申告書」の提出がない場合には，支払金額に一律20.42％を乗じて源泉徴収税額を算出します（所法201③）。

（注２）短期退職手当等とは勤続年数が５年以下の職員が受ける退職手当等をいいます。源泉所得税額の計算上，退職所得控除後の残額のうち，300万円を超える部分の金額については２分の１をせずに源泉徴収税率を乗じて計算するため，相対的に税負担は増えます（所法30⑤，201①一ロ）。

（注３）特定役員退職手当等とは勤続年数が５年以下の役員が受ける退職手当等をいいます。源泉所得税額の計算上，退職所得控除後の残額を２分の１をせずに源泉徴収税率を乗じて計算するため，相対的に税負担は増えます（所法30⑤，201①一ハ）。

(ロ) 株式報酬における源泉徴収税額の徴収方法

金銭報酬と異なり，株式報酬の場合には源泉徴収税額を天引きする金銭がないため，別途役員から源泉徴収相当額を徴収する必要があります。

源泉徴収相当額を役員本人から徴収しない場合，手取ベースで支給したものとされグロスアップ計算による追加税負担が生じる可能性があります。源泉徴収相当額の徴収漏れを防止するためにも，譲渡制限付株式割当契約書等に役員個人が負担する旨や精算方法等を明記する必要があるでしょう（所基通181～223共－４）。

(ハ) 交付対象者が非居住者の場合

非居住者に対しては国内源泉所得のみが課税の対象となり，源泉徴収税率は一律20.42％になります（所法213①一イ）。

給与等や退職手当等に係る国内源泉所得の判定は，従業員と役員とでは異なり，具体的には下記に基づき判定します。

●●●図表Ⅳ－68　非居住者に対する給与等及び退職手当等に係る国内源泉所得
（所法161①十二イ，所基通161-41，161-42）

	国内源泉所得
従業員	勤務が行われた場所が国内であれば，国内源泉所得に該当します。 なお，非居住者の勤務が国内と国外とにわたる場合には，国内における収入金額等の状況に照らし，その給与等の総額に対する金額が著しく少額であると認められる場合を除いて，下記算式により給与等の総額を日数按分することにより国内源泉所得を算定します。 $$給与・退職手当等の総額 \times \frac{国内において行った勤務期間}{給与・退職手当等の総額の計算の基礎となった期間}$$
役員	内国法人の役員の立場として得る給与・退職手当等は，全て国内源泉所得に該当します。 （注）例外的取扱いとして，海外支店の支店長のように常時使用人として勤務する場合には，従業員と同様に勤務が行われた場所で判断します。

交付対象者が役員の場合には，基本的には全て国内源泉所得として源泉徴収税額を計算しますが，従業員の場合には，国内源泉所得を抜き出した上で，源泉徴収税額を計算する必要があります。

なお，退職手当等の場合には，非居住者自らが一定事項を記載した確定申告書等を提出することにより，居住者と同じ計算方法で所得税額を計算し，非居住者として源泉徴収された税額の還付を受けることも可能です（所法171，173）。

（注１）非適格SOの場合には，権利行使益（権利行使時の株価－権利行使価額）が給与課税の対象となり，対象者が従業員の場合の図表Ⅳ－68の算式中の分母はSOの付与時から権利行使時までの期間となります（所法36②，所令84②）。

（注２）適格SOについては，権利行使時に権利行使益に対して給与課税は行われないため源泉徴収も必要ありません。

⑶　個人側の取扱い

役職員側の論点としては，収入金額の所得区分，収入すべき時期，収入計上額，さらに確定申告の有無等が挙げられます。

①　所得区分

⑴　譲渡制限の解除又は株式交付等を受けた場合

役職員が株式報酬等を受けた場合，当該報酬の所得区分を考える必要があります。これらの報酬は，法人との委任契約又は雇用契約に基づく職務執行や労務役務の対価として受けるものであるため，給与所得又は退職所得のいずれかに該当すると考えられます。

退職所得とは，退職を基因として一時に受ける給与等をいいます。事前交付型の特定譲渡制限付株式における譲渡制限の解除事由や，事後交付型における株式等の交付事由が，退職に基因しているもの（退職金プラン）であれば退職所得に該当します（所法30）。

一方で，退職以外の事由により在職期間中に譲渡制限の解除又は株式交付等が行われるようなもの（ボーナスプラン）であれば給与所得に該当すると考えられます（所基通23～25共－５の２）。

給与所得も退職所得も累進税率（注１）が適用されますが，退職所得には手厚い退職所得控除や２分の１課税といった取扱い（注２）が設けられているため，基本的には退職所得のほうが税負担は少ないといえます。

（注１）所得税の最高税率は45％。このほか住民税が10％課されます（所法89条，地税35①，314の３①）。

（注２）退職所得の金額は「（収入金額－退職所得控除）×１／２」により計算します。短期退職手当等，特定役員退職手当等に該当する場合については187頁（注２）（注３）参照。

（注３）ストック・オプションについては179頁⑥参照。

(ロ) 株式等を売却した場合

譲渡制限の解除を受けた株式又は交付を受けた株式を譲渡した場合には，譲渡所得の対象になります。譲渡所得は分離課税の対象となり，一律20.315％（所得税（及び復興特別所得税）15.315％，住民税５％）が適用されます（措法37の11，地税附則35の２の２①⑤）。

なお，譲渡所得の計算上，譲渡対価から控除する譲渡原価の額は，特定譲渡制限付株式であれば譲渡制限が解除された日における価額とし，事後交付型の株式報酬であれば後述②における報酬が確定した日における価額になるものと考えます（所令109①二，所基通48－１の２）。

（注）非適格SOの権利行使により取得した株式については，権利行使の日における価額になります（法令109①三）。なお，権利行使前に発行法人に譲渡した場合には，譲渡所得ではなく給与所得等の対象になります（所法41の２，所令88の２）。

② 収入すべき時期

株式報酬等に係る所得の収入すべき時期は，「報酬が確定する日」を原則としつつ，特定譲渡制限付株式には別途取扱いが定められています。

(イ) 原則的取扱い

報酬が確定する日は，当該株式報酬が給与所得又は退職所得のいずれに該当するのか，業績に連動するものか否かによって異なります。

給与所得のうち業績に連動するものであれば，業績算定指標として選定した数値が確定した日（株主総会での決算承認日等）が該当します。一方で，業績に連動せず支給日が定められている場合には当該支給日が，支給日が定められていない場合には実際に支給を受けた日が該当します。

退職所得の場合は，退任後の株主総会等による支給決議があった日となりますが，175頁(ロ)で述べたとおり，退職金プランの場合には，退任時に改めて株主総会による支給決議を行わないケースもあるため，この場合は退任日が該当すると考えられます（所基通36－９①②，36－10①）。

この他，株式交付信託の場合には，役員が受益者に該当した日（受益権確定日）が収入すべき時期になると考えます。

(ロ)　特定譲渡制限付株式

特定譲渡制限付株式は譲渡制限期間中の処分が制限され，無償取得事由に該当した場合には没収される可能性があることから，収入すべき時期は，当該特定譲渡制限付株式等の譲渡制限が「解除された日」とされます。法人側での損金算入時期が「無償取得をしないことが確定した日」とされていることから，個人側の収入すべき時期と一致しないケースも想定されます。

なお，無償取得事由に該当し，法人により無償取得された場合には課税されません（所基通23～35共－５の３）。

③　収入金額

株式報酬等に係る収入金額は，上記②において収入すべき時期とされた日における価額に交付株式数を乗じた金額になります（所法36②，法令84，所基通23～35共－５の４）。

なお，特定譲渡制限付株式や確定数給与については，法人側の損金算入額とは一致しない点に注意が必要です（161頁(ハ)参照）。

以上の所得区分，収入すべき時期，収入金額を154頁図表Ⅳ－41「インセンティブ報酬制度と各スキーム」から抜粋してまとめると，次頁の図表Ⅳ－69のとおりとなります。

●●●図表Ⅳ－69　報酬類型別にみた個人側の論点

	ボーナスプランor退職金プラン	所得区分	収入すべき時期	収入金額
事前交付型 ③⑦	ボーナスプラン	給与所得	譲渡制限が解除された日（注１）	譲渡制限解除日における価額（注２）
	退職金プラン	退職所得		
事後交付型 ④⑧	ボーナスプラン	給与所得	報酬が確定した日	報酬確定日における価額
	退職金プラン	退職所得		

（注１）譲渡制限が付された新株予約権の行使に係る収入すべき時期は，権利行使に係る申込日（申込日が不明な場合は申込期限）となります。なお，新株予約権が失権した場合には課税されません（所基通23～35共－６の２）。

（注２）譲渡制限が付された新株予約権の行使に係る収入金額は，権利行使により取得した株式の権利行使日の価額から払込対価等（権利行使価格×個数）を控除した金額となります（所令84②，所基通23～35共－９）。

④　確定申告の有無

一般的に，給与所得者は年末調整により所得税額が精算されるため，確定申告書を提出する必要はありません。しかし，株式報酬等が高額になりその年に支払いを受ける給与等の金額が2,000万円を超える場合には，確定申告が必要になります（所法121①）。

退職所得については源泉徴収により所得税額が精算されるため，金額にかかわらず確定申告は必要ありませんが，非居住者が退職所得の選択課税を受ける場合には，確定申告書の提出が必要になります（188頁㈥参照）。

交付又は譲渡制限の解除により取得した株式を売却した場合には，譲渡所得として確定申告の必要があります。ただし，当該取得した株式を特定口座（源泉徴収選択口座）で受け入れた場合には，確定申告を不要とすることも可能です（措法37の11の５，措令25の10の２⑭二十四～二十六）。

（注）適格SOの権利行使により取得した株式を特定口座で受け入れることはできません（措法25の10の２⑥）。

⑷　子会社の役員に対して交付する場合

①　損金算入可能なスキーム

グループ経営を行う中で，自社の役員のみならず子会社の役員に対してもインセンティブ報酬制度を導入したいというニーズがあります。この場合，株式を発行する法人（親会社）と役員から役務提供を受ける法人（子会社）が異なることから，親会社，子会社そして子会社役員という三者間の取扱いとなり，追加論点が生じます。

親会社株式を子会社役員に交付する手法としては，子会社が自社役員に対して負う報酬債務を親会社が債務引受けをした上で，その債務引受により親会社に対する債権となったものを，子会社役員が親会社に対し現物出資する方法が考えられます。なお，この場合には親会社による債務引受に伴い，親会社・子会社間で債権債務の精算が必要になります（「導入の手引き」Q24）。

図表Ⅳ－70　親会社株式の交付方法

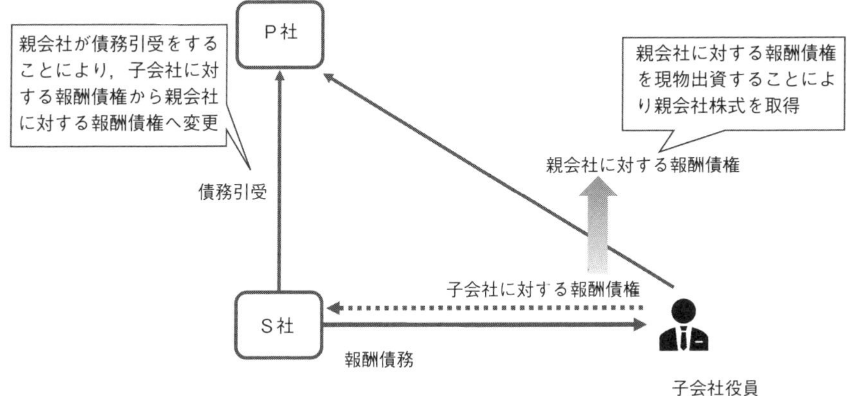

子会社役員に対するインセンティブ報酬制度を，損金算入の有無という観点から見た場合，導入できるスキームの選定にあたっては下記の点に注意する必要があります。

(イ) 適格株式の要件

事前確定届出給与又は業績連動給与のいずれの場合も，交付物として株式を用いる場合には適格株式に限られます（157頁ⅱ）参照）。

適格株式とは内国法人又は関係法人が発行する市場価格のある株式をいい，この場合の関係法人とは役員から役務提供を受ける法人（子会社）との間に支配関係がある法人（つまり親会社）（注１）をいいます。したがって，親会社から見て50％超保有していない法人の役員に株式交付をしても，子会社側では損金の額に算入されません（法令71の２）（注２）。

（注１）厳密には，株主総会による交付決議日から株式を交付する日までの間（特定譲渡制限付株式については譲渡制限が解除されるまでの間），支配関係が継続することが見込まれる法人をいいます。

（注２）交付物として新株予約権を用いる場合には，184頁ⅰ）a. 参照。

(ロ) 業績連動給与の場合

業績連動給与の場合には，導入会社の要件があり，非同族会社及び非同族会社の100％子会社に限られています（165頁ⅰ）参照）。したがって，親会社から見て100％子会社に該当しない法人の役員に株式交付をしても，子会社側では損金の額に算入されません。

（注）100％子会社に該当するか否かは，報酬決定手続き終了の日の現況により判断します（法令69⑳）

なお，上記(イ)が交付物の要件であるのに対し，(ロ)は導入会社の要件であるため，パフォーマンス・キャッシュのように交付物として金銭を用いた場合であっても100％子会社に該当しない場合には損金不算入となります。

(ハ) 退職金プランの場合

退職金プランの場合には，事前確定届出給与又は業績連動給与に該当しなければ損金不算入となります（173頁(イ)参照）ので注意が必要です。

業績連動給与として設計しない場合には，交付株式について上記(イ)の要件を満たす必要があり，親会社から見て50％超保有関係のない法人の役員に株式を交付しても，子会社側で損金の額に算入されません。

以上をまとめると図表Ⅳ－71のとおりです。

●●●図表Ⅳ－71　資本関係と損金算入の有無

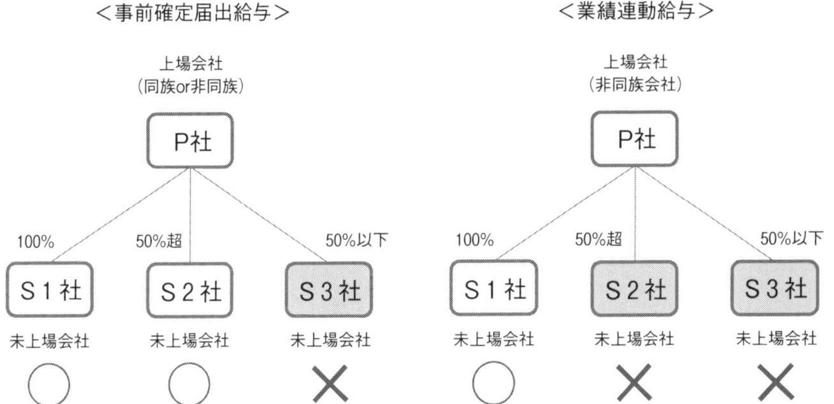

●●●図表Ⅳ－72　親会社ステータス別の子会社選択肢

（親会社）上場会社	子会社保有割合	子会社側の選択肢					
		ボーナスプラン			退職金プラン		
		事前交付型	事後交付型				
		特定譲渡制限付株式	確定数給与	業績連動給与	事前確定届出給与・業績連動給与以外	事前確定届出給与	業績連動給与
同族会社	100%	○	○	×	×	○	×
	100%未満50%超	○	○	×	×	○	×
	50%以下	×	×	×	×	×	×
非同族会社	100%	○	○	○	×	○	○
	100%未満50%超	○	○	×	×	○	×
	50%以下	×	×	×	×	×	×

（注）子会社は未上場会社を前提としています。

②　業績連動給与の追加論点

子会社役員に対して業績連動給与を適用する場合，下記「業績連動指標と開示要件」及び「報酬決定手続きの要件」以外は，165～171頁で述べた各種要件と同じです。

㈠　業績連動指標と開示要件

業績連動給与の算定の基礎となる業績連動指標は，職務執行期間開始の日以後に終了する事業年度等の利益，株価又は売上高（利益又は株価と同時に用いる場合のみ）に限られます。

業績連動指標のうち利益又は売上高を用いる場合には，子会社自身の個別財務諸表に係る利益又は売上高のほか，子会社を含む連結グループの連結財務諸表に係る利益又は売上高を用いることも可能です。

なお，子会社自身の利益又は売上高を用いた場合には，親会社の有価証券報告書等に，子会社自身の利益又は売上高を任意開示することにより開示要件を満たす必要があります（法規22の３⑥，法基通９-２-17の３，『改正税法のすべて（2017年版）』（306頁））。

㈺　報酬決定手続きの要件

業績連動給与は，当該給与に係る職務執行開始日の属する会計期間開始の日から三月を経過する日までに，会社法上の適法な手続きを経て決定したものでなければなりません。子会社側で業績連動給与を適用する場合には，親会社の設置機関に応じてそれぞれ次頁の図表Ⅳ－73のとおりとなります。

●●●図表Ⅳ－73　親会社の設置機関別手続き

	（親会社側）	（子会社側）
設置機関	手続き及び要件	手続き及び要件
指名委員会等設置会社	＜報酬委員会による決定＞ ①構成委員の要件 a）委員の過半数が親会社の独立社外取締役（注）であること。 b）子会社の業務執行役員が委員でないこと。 c）親会社及び子会社の業務執行役員の特殊関係者（注）が委員でないこと。 ②決議の要件 親会社の独立社外取締役の全員が報酬決議に賛成していること。	左記決議に従ってする株主総会又は取締役会の決議による決定
監査役会設置会社又は監査等委員会設置会社	＜報酬諮問委員会の諮問等を経た取締役会決議による決定＞ ①報酬諮問委員会（注）の構成委員の要件 a）委員の過半数が親会社の独立社外取締役等（注）であること。 b）子会社の業務執行役員が委員でないこと。 c）親会社及び子会社の業務執行役員の特殊関係者（注）が委員でないこと。 ②報酬諮問委員会の意見に係る決議の要件 d）親会社の独立社外取締役等の全員が決議に賛成していること。 e）当該決定に係る給与の支給をうける業務執行役員が決議に参加していないこと。	

（注）独立社外取締役，特殊関係者，報酬諮問委員会及び独立社外取締役等の内容は170頁図表Ⅳ－55と同様です。

170頁図表Ⅳ－55でみた報酬決定手続き要件と比較した場合，報酬委員会又は報酬諮問委員会の委員に含めてはならない者の範囲に，子会社の業務執行役員（及びこれに係る特殊関係者）が追加されている点がポイントになります。

また，親会社における決定手続きに加え子会社側の決定手続きが必要になりますが，この場合であっても「職務執行開始の日の属する会計期間開始の日から三月を経過する日まで」という期限は変わりませんので注意が必要です。

●●●図表Ⅳ－74　報酬決定手続きと開示スケジュール

（前提）親会社：監査役会設置会社。親会社・子会社ともに３月決算法人

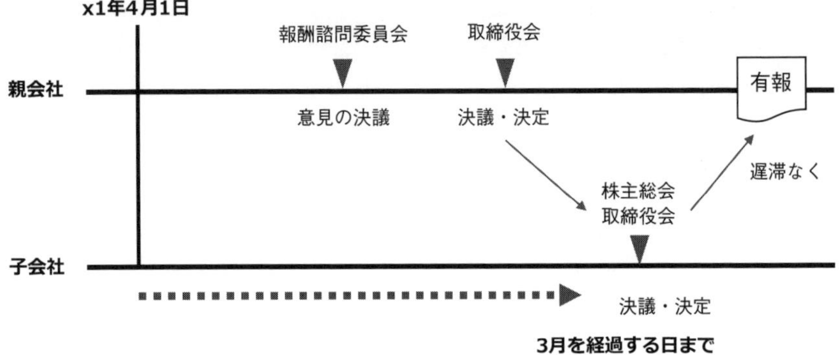

③　源泉徴収義務者

子会社役員に対して親会社株式を交付した場合（又は譲渡制限が解除された場合），親会社又は子会社のどちらが源泉徴収義務を負うのかという問題があります。この点について，役員から役務提供を受けているのは子会社であり，子会社側の株主総会等において報酬決議を経て当初報酬債務を負っていることを考えれば，子会社側に源泉徴収義務があるものと考えます（「導入の手引き」Q24）。

なお，親会社への債務引受後は，親会社と子会社役員間の取扱いになるため，子会社側で源泉徴収のタイミングを失念しないように，グループ間での連絡体制を整える必要があります。

4　会社法の取扱い

(1)　株式報酬制度の導入における会社法の整理

株式報酬の導入に際しては，会社法上の手続きを欠くことはできません。

従前，会社法上は株式の無償発行はできず，また，労務出資も認められないと解されており株式報酬制度導入の妨げとなっていました。

しかし，2015年7月24日にコーポレート・ガバナンスシステムの在り方に関する研究会より公表された解釈指針において，現物出資方式により株式報酬制度の導入が可能であると示され，株式報酬制度の導入へ向けた会社法上の障壁が取り除かれました。

現物出資方式とは，①会社が役員に金銭報酬債権を付与し，②役員から当該金銭報酬債権の現物出資を受け，③現物出資された金銭報酬債権と引き換えに株式を交付する方法をいいます。

また，2021年3月以後は，改正会社法により，上場会社が取締役等の報酬として株式を発行する場合には，金銭の払込みを要しないこと（無償交付）が認められています。

図表Ⅳ－75　現物出資方式

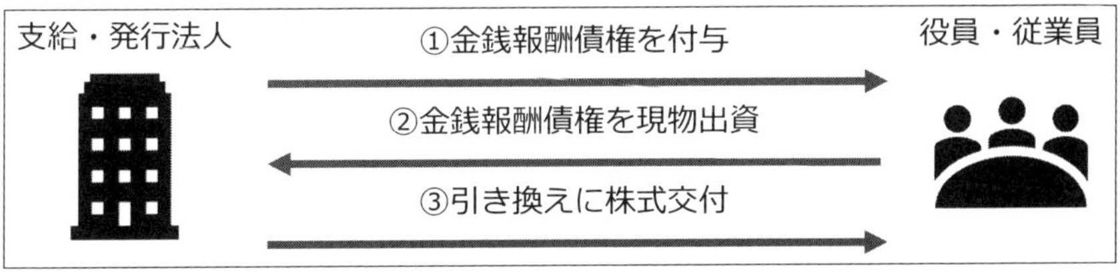

なお，株式報酬制度を導入した場合，会社法上必須の手続きとして，報酬決議，第三者割当決議があり，報酬決議においては導入会社の設置機関に応じて取扱いも異なります。このため，導入に際しては自社の設置機関を踏まえた手

続き及びスケジュール，その他法務上の取扱いを確認する必要があります。

⑵ インセンティブ報酬制度に係る決議事項

インセンティブ報酬制度について，交付物や制度設計の違いはあれ，役員報酬制度の枠組みであることから，どんな場合であっても役員報酬決議は必要になります。さらに，株式報酬制度の場合には第三者割当決議が，ストック・オプションの場合には新株予約権の発行決議が追加論点として確認事項に挙がります。

インセンティブ報酬制度に係る各スキームとの関係で見た場合，図表Ⅳ－76のとおりとなります。

●●●図表Ⅳ－76　インセンティブ報酬制度と会社法の決議事項

交付のタイミング	業績条件なし			業績条件あり		
	金銭	新株予約権	株式	金銭	新株予約権	株式
事前交付型	－	② 通常型SO （税制適格SO） 株式報酬型SO （１円SO）	③ RS （譲渡制限付株式）	－	⑥ 通常型SO （税制適格SO） 株式報酬型SO （１円SO）	⑦ PS （譲渡制限付株式）
事後交付型	① 年次賞与	－	④ RSU 株式交付信託	⑤ 年次業績賞与 パフォーマンス・キャッシュ ファントム・ストック SAR	－	⑧ PSU 株式交付信託

会社法決議事項	金銭	新株予約権	株式	金銭	新株予約権	株式
	役員報酬決議	役員報酬決議	役員報酬決議	役員報酬決議	役員報酬決議	役員報酬決議
		＋ 新株予約権発行決議	＋ 第三者割当決議		＋ 新株予約権発行決議	＋ 第三者割当決議

⑶ 役員報酬決議

役員報酬決議は，導入法人が監査役会設置会社，監査等委員会設置会社又は

指名委員会等設置会社のいずれかにより異なります。

①　監査役会設置会社

(イ)　取締役の報酬決議

i）株主総会決議

取締役に対する報酬は，定款で定めている場合を除き，株主総会の普通決議によって定める必要があります。この場合，当該報酬等の内容に応じてそれぞれ以下に定める事項を決定しなければなりません（会社法361①）。

1号	報酬等のうち額が確定しているものについては，その額（確定報酬）
2号	報酬等のうち額が確定していないものについては，その具体的算定方法（不確定報酬）
3号	報酬等のうち会社の募集株式については，その数の上限等（無償交付）
4号	報酬等のうち会社の募集新株予約権については，その数の上限等
5号	報酬等のうち，募集株式または募集新株予約権と引換えにする払込みに充てるための金銭については，募集株式または募集新株予約権の数の上限等（現物出資）
6号	報酬等のうち金銭でないものについてはその具体的な内容

株式又は新株予約権を報酬として付与する場合には，数の上限その他法務省令で定める事項（株式又は新株予約権の取得に要する資金に充てるための金銭を含む）が株主総会での決議事項とされています（会社法361①三～五）。

株式報酬制度は，報酬債権の現物出資方式による場合で，その額が確定している場合は，上記1号の議案として，確定した報酬枠の決議を取り，業績連動の場合には2号の議案として報酬額の具体的算定方法の決議を取るとともに，払込みに充てる金銭について5号の議案として募集株式等の数の上限につき決議を取ります。

無償交付とする場合は，前記の5号の議案に代わり3号の議案で報酬とする募集株式の数の上限につき決議を取ることになります。

また，報酬決議においては，株主総会において当該事項を相当とする理由を説明する必要があります（会社法361④）。

株主総会における報酬決議は，一度承認を受けた報酬枠内での支給であれば毎年行う必要はなく，新たにインセンティブ報酬制度を導入した場合であっても，これらを含めたところで報酬枠内であれば報酬決議は不要と考えられます。

一方で，インセンティブ報酬制度の導入に伴い，従前の報酬制度とは分離独立して報酬枠を再度決議し直す例も見受けられます。

ii）取締役会決議

実務上，株主総会においては取締役全体に係る報酬枠を定め，個人別の報酬の決定は取締役会，さらには取締役会から代表取締役に一任するケースがあり，このような定め方も適法と解釈されています。

なお，改正会社法では，有価証券報告書提出義務のある会社において取締役の個人別の報酬等の内容に係る決定の方法等を「取締役の個人別の報酬等の内容についての決定に関する方針として法務省令で定める事項」として決定することが求められます。

報酬の決定方針は，以下のことが想定されています。

・取締役の個人別の報酬等についての報酬等の種類毎の比率の決定方針
・業績連動報酬等の有無及びその内容に係る決定方針
・取締役の個人別の報酬等の内容に係る決定の方法（代表取締役に決定を再一任するかどうか等を含む）

(ロ)　監査役の報酬決議

監査役の報酬等についても，定款で定めている場合を除き，株主総会の普通決議によって定める必要があります。この場合の報酬等は確定報酬額とされ，報酬枠を定めた場合の個人別の報酬の決定は取締役会で定めることはできず，各監査役の協議によって定めることになります（会社法387①②）。

(注) 監査役会設置会社とは，監査役会を置く株式会社又は会社法の規定により置かなければならない株式会社（大会社で，非公開会社，監査等委員設置会社及び指名委員会等設置会社を除く）をいい，監査役会は全ての監査役で構成されます（会社法2⑩，328①）。

②　監査等委員会設置会社

導入会社が監査等委員会設置会社の場合，上記①(イ) i ）の株主総会決議においては，監査等委員である取締役の報酬総額とそれ以外の取締役の報酬総額は区分して定めなければなりません。また，個人別の報酬については，監査等委員以外の取締役であれば上記①(イ) ii ）と同様に取締役会で決議し，監査等委員である取締役であれば，上記①(ロ)と同様に監査等委員である取締役の協議によって定めることになります（会社法361②③）。

(注) 監査等委員会設置会社とは，定款の定めにより監査等委員会を置く株式会社をいい，監査等委員会は３名以上の取締役で構成され，その過半数が社外取締役である必要があります（会社法２十一の二，326②，331⑥）。

③　指名委員会等設置会社

導入会社が指名委員会等設置会社の場合，執行役及び取締役（以下「執行役等」といいます）の報酬等は株主総会ではなく，報酬委員会において決定されます。

報酬委員会は，執行役等の個人別報酬等の決定に関する方針を定め，当該方針に従って個人別報酬等を決定します。この場合，報酬等の内容に応じて，それぞれ以下に定める事項を決定しなければなりません。

１号	報酬等の額が確定しているものについては，個人別の額（確定報酬）
２号	報酬等の額が確定していないものについては，個人別の具体的算定方法（不確定報酬）
３号	報酬等が会社の募集株式である場合，募集株式の数等
４号	報酬等が会社の募集新株予約権である場合，募集新株予約権の数等
５号	報酬等が，募集株式または募集新株予約権と引換えにする払込みに充てるための金銭である場合，引き受ける募集株式または募集新株予約権の数等
６号	報酬等が金銭でないものについては，個人別の具体的内容

（会社法404③，409）

(注) 指名委員会等設置会社とは，定款の定めにより，指名委員会，監査委員会及び報酬委員会を置く株式会社をいい，各委員会は３名以上の委員で構成され，その過半数が社外取締役である必要があります（会社法２十二，326②，400①③）。

④ 任意の報酬委員会

会社法上，監査役会設置会社又は監査等員会設置会社においては報酬委員会の設置は義務付けられていませんが，CGコード補充原則4-10①において，その導入が推奨されていることから近年導入会社が増えています。

任意の報酬委員会であるため，構成委員や報酬決定方法は導入会社により自由な設計が可能ですが，前述した税務上の取扱い（業績連動給与の損金算入要件）において要件が定められているため注意が必要です（170頁図表Ⅳ－55参照）。

⑷ 第三者割当決議（募集株式の発行等）

① 公開会社による取締役会決議の特則

役員から現物出資された金銭報酬債権と引換に株式を交付する場合，交付方法には新株発行のほか自己株式の処分という方法が考えられます。

会社法上は，新株発行も自己株式の処分も，募集株式の発行等として統一的な手続きが規定されています。また，株式報酬制度においては，割当対象者は役員という特定の者に限られるため，第三者割当に該当します。

株式会社が募集株式の発行等を行う場合には，その都度，下記に掲げる事項（以下「募集事項」）を定めなければなりません（会社法199①）。

A） 募集株式の数
B） 募集株式の払込金額又はその算定方法
C） 金銭以外の財産を目的とするときは，その旨並びに当該財産の内容及び価額
D） 募集株式と引換にする金銭の払込み又は財産の給付の期日又はその期間
E） 株式を発行するときは，増加する資本金及び資本準備金に関する事項

上記募集事項の決定は原則として株主総会決議になりますが，公開会社の場合には，有利発行でない限り，取締役会の決議で募集事項を決定することができます（会社法199③，201）。

また，公開会社が募集事項を定めた場合には，上記D）で定めた期日（又は期間の初日）の２週間前までに株主に対して当該募集事項を通知しなければなりません（有価証券届出書を提出している場合を除く）。このため，事前交付型の株式報酬制度の場合においては，取締役会決議から2週間後に新株発行又は自己株式の処分が行われることになります（会社法201③⑤）。

(注) 公開会社とは，発行株式の全部又は一部の譲渡による取得について，株式会社の承認を要する旨の定款の定めを設けていない株式会社をいいます（次頁の(5)において同じ）。

②　新株発行と自己株式の処分の違い

第三者割当に係る手続き面においては，新株発行も自己株式の処分も同じですが，それ以外の両者の違いとして下記が挙げられます。

- **新株発行の場合には発行済株式総数が変わることから，発行可能株式総数を増加するための定款変更が必要となるケースが想定されます。一方で，自己株式の処分は発行済株式総数の変更は生じません。**
- **新株発行の場合には登記が必要になりますが，自己株式を処分した場合には登記は不要です。**
- **自己株式の処分の場合には，割当に伴い自己株式処分差損益が生じることにより分配可能利益に影響を与えますが，新株発行の場合には分配可能利益への影響はありません。**

③　現物出資に伴う検査役の調査

会社法上，現物出資をした場合には，原則として，裁判所の選任した検査役の調査が必要になります。ただし例外として，募集株式の引受人（役員）に割り当てる株式の総数が発行済株式の総数の10分の1を超えない場合等一定の場合には不要とされています（会社法207①⑨一）。

株式報酬制度は，役員に対する金銭報酬債権による現物出資とした場合，上記現物出資の取扱に服することになりますが，例外的取扱いに該当し，検査役の調査は不要と考えられます（「導入の手引き」Q41）。

④ 事前交付型スキームと事後交付型スキーム

RS及びPS（200頁の図表Ⅳ－76③⑦）とRSU及びPSU（図表Ⅳ－76④⑧）を比較した場合，前述した第三者割当決議を行う時点が異なります。

すなわち，RS及びPSの場合は，制度導入時に株主総会決議を経て，取締役個人に対する報酬決議と第三者割当決議を同一の取締役会で行います。この際，報酬債権金額と払込金額・現物出資財産の価額に同一の株価（取締役会決議日の前取引日の終値等）を参照させる方法が実務上用いられます（「導入の手引き」Q45）。

一方で，RSU及びPSUの場合は，制度導入時においては株主総会決議を経た取締役会では取締役個人に対する報酬決議のみを行い，後日条件が達成した段階で取締役会による第三者割当決議が行われます。

(5) 新株予約権発行決議

SOの場合には，上記(4)の第三者割当決議（募集株式の発行等）に代わり，新株予約権について下記に掲げる募集事項を定める必要があります。

A） 募集新株予約権の内容及び数 B） 募集新株予約権と引換に金銭の払込みを要しない場合には，その旨 C） B)以外の場合には，募集新株予約権の払込金額又はその算定方法 D） 募集新株予約権の割当日 E） 募集新株予約権と引換にする金銭の払込みの期日を定めるときは，その期日

募集事項の決定は原則として株主総会決議になりますが，公開会社の場合には，有利発行でない限り，取締役会の決議で募集事項を決定することができます（会社法238①②，240①）。

なお，公開会社が新株予約権の募集事項を定めた場合には，割当日の２週間前までに株主に対して当該募集事項を通知しなければなりません（有価証券届出書を提出している場合を除く）。このため，取締役会決議から２週間後に新株予約権が割り当てられることになります（会社法240②④）。

(6) その他の留意事項

会社法上の法定された手続きのほか，インセンティブ報酬制度の導入に際しては，採用するスキームに応じて別途留意事項が生じます。

① 譲渡制限付割当契約書

RSやPSの場合（図表Ⅳ－76③⑦），交付株式に譲渡制限を付す方法としては種類株式を発行する方法や，会社と役員との間で譲渡制限付割当契約を結ぶ方法があります。

種類株式を用いる場合，定款変更や種類株主総会の開催等手続きが煩雑になるため，実務上は譲渡制限付割当契約書を結ぶ方法が多く用いられます。この場合，当該契約書は取締役会による第三者割当決議日から株式交付日までの間に結ばれます。

この他，上記契約書の締結に加え，会社が指定した専用口座において分別管理することにより譲渡制限の実効性を担保する方法が採用されます（「導入の手引き」Q42，47）。

② 譲渡制限付株式を無償取得する場合

会社法上，会社は自己株式を無償で取得することができると規定されています。この場合，株主総会決議等の法定された手続きは必要ではないため，上記①譲渡制限付割当契約書で定めた無償取得事由に該当した場合に，自己株式を無償で取得することになります（会社法155⑬，会規27一）。

③ 株式報酬規程

RSU，PSU又は株式交付信託スキーム（図表Ⅳ－76④⑧）の場合，株主総会において役員報酬決議を経た後に，取締役会において株式報酬規程を制定するのが一般的です。

④　信託スキームを活用する場合の留意点

(イ)　導入会社株式の取得方法

インセンティブ報酬制度において信託スキームを活用する場合，信託が取得する導入会社株式の取得方法がポイントになります。すなわち，導入会社が信託に対して新株発行を行う場合，又は自己株式の処分を行う場合には，前記(4)①②の募集株式の発行等手続きに服します。

一方で，信託が市場より導入会社株式を取得する場合には，これらの手続きは不要となります。

(ロ)　自己株式取得の該当性

会社法上，他人名義による会社株式の取得が，会社の計算による場合には自己株式の取得と解され，信託スキームを活用する上でも同様の問題が生じます。「会社の計算による」取得に該当するか否かの判断について確立された基準はないものの，下記要素を総合的に考慮して判断するとの考え方があります。

・　取得に用いる資金の出所

・　取得のための取引に関する意思決定の所在

・　取得した株式に対する支配の所在等

実務上用いられている信託スキームは，これらの問題に抵触しない設計になっているのが一般的ですが，仮に自己株式の取得とされた場合には，取得手続規制，取得財源規制，議決権行使の禁止や剰余金の配当不可という問題が生じます（会社法156条以下，308②，453，「新たな自社株式保有スキームに関する報告書」13～19頁，江頭憲治郎『株式会社法（第６版)』)。

【参考】業績条件が付された有償新株予約権（有償SO）について

有償SOとは，企業が役職員に対して，業績条件などの権利確定条件が付されている新株予約権を付与する場合に，当該新株予約権の付与に伴い当該役職員が一定の額の金銭を企業に払い込む報酬制度において付与される新株予約権をいいます（有償SO実務対応報告第１項）。

従前，多くの上場会社において，有償SOは，新株予約権という金融商品の取得として複合金融商品適用指針に準拠し，株式報酬費用を計上しない会計処理が行われていました。

しかし，2018年１月に会計基準（有償SO実務対応報告）が公表され，原則としてSO会計基準に準拠した取扱いを定め，株式報酬費用を計上することとされたため，上場会社にとってメリットが薄まったと考えられます。

そのため，本書では有償SOの解説は参考程度にとどめます。

●●●図表Ⅳ－77　有償SOの手続きイメージ

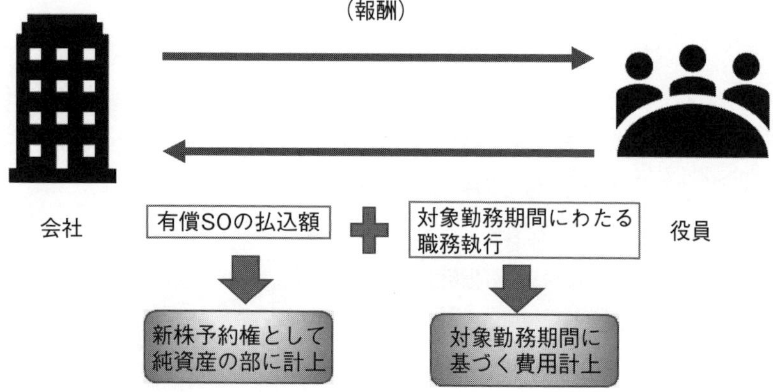

・有償SOの価値と（有償SOの払込額＋将来の職務執行）とは等価の関係と考えられます。
・有償SOの払込額は，付与時の有償SOの公正な評価額です。
・会社法上，有償SOは公正な評価額の払込がなされるため，新株予約権の有利発行規制を受けず，また役員報酬規制も受けないと考えられているため，株主総会は不要となり取締役会決議で発行できるとされています。

図表Ⅳ－78　有償SOの会計・税務イメージ

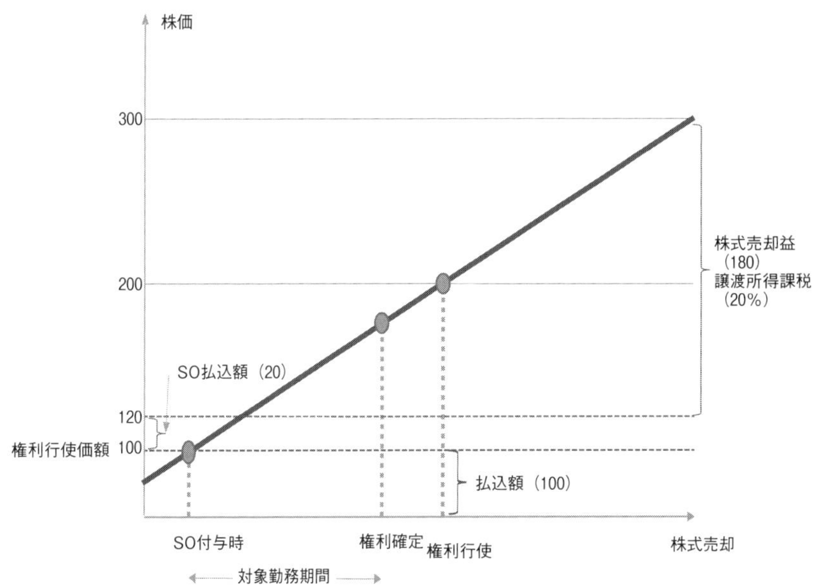

（※）税務上，新株予約権を公正な対価で取得しており，職務執行の対価と認められないことから，損金不算入と考えられます。

●●●図表Ⅳ－79　有償SOの会計，税務，法務のポイント

会計	税務		法務
	会社	役職員	
■SOの公正な評価額からSO払込額を差し引いた金額を，対象勤務期間（付与時から権利確定時（SOを行使する権利が確定した時））に基づき，「株式報酬費用」として費用計上します。 ■SOの公正な評価額は，業績条件が充足するに従い増加していくため，業績条件の充足に応じて，費用計上額が増加することになります。	新株予約権を公正な対価で取得しており，役務提供の対価と認められないことから，会計上計上した「株式報酬費用」は，損金不算入と考えられます。	■権利行使時 課税関係が発生しません。 ■株式売却時 株式売却時に売却時の株価と権利行使価額及びSO払込額の差額に対して，譲渡所得課税（税率20.315%）がなされます。	■取締役に対する有償SOの付与につき，報酬規制の適用を受けないため，報酬に係る株主総会決議（会社法361）は不要と考えられます。 ■有償SOの発行は，公正評価額による払込対価があるため，公開会社では有利発行に該当せず，取締役会決議で決定できると考えられます（会社法238①②，240①）。

法務は概略にとどめ，会計，税務に関して説明します。

(1)　会計上の取扱い

①　通常型SOとの相違点

通常型SOとの違いは大きく２つあり，通常型SOは無償で役職員に付与されるのに対し，有償SOは新株予約権を取得するにあたり役職員は一定の金額を企業に払い込む点，権利確定条件として少なくとも業績条件が付されている点（有償SO実務対応報告第２項(2)）が相違します。

なお，有償SOが，役職員から受ける職務執行の対価として用いられていないと立証できる場合には，複合金融商品適用指針に従った会計処理を行うことになります（有償SO実務対応報告第４項但書）。

費用計上方法は，基本的に通常型SOと同様となりますが，費用計上額について有償SOは新株予約権に対する払込額を公正な評価額から差し引いて算出する点が相違します。

費用計上額＝有償SOの公正な評価額－払込金額

有償SOの特徴として，業績条件を充足する前の期においては費用計上額が抑えられ，業績条件が充足した期には費用計上額が増加することになります。

このことを有償SOの公正な評価額の算出式から説明します。

公正な評価額＝付与時の公正な評価単価×権利確定条件付有償新株予約権数

ここで，権利確定条件付有償新株予約権数（以下，「有償SO数」といいます）は，【付与数－権利不確定による失効の見積数】として算定されます。

業績条件を充足した場合は，権利確定が見込まれることから，失効の見積数が減少することにより，有償SO数が増加します。有償SO数の増加により，公正な評価額が増加し，費用計上額も増加することになります。

公正な評価額の計算上，有償SOの失効の見込みは，有償SO数に反映され，公正な評価単価の算定においては考慮しません（有償SO実務対応報告第５項⑷②及びSO会計基準第６項⑵）。

●●●図表Ⅳ－80　費用計上イメージ

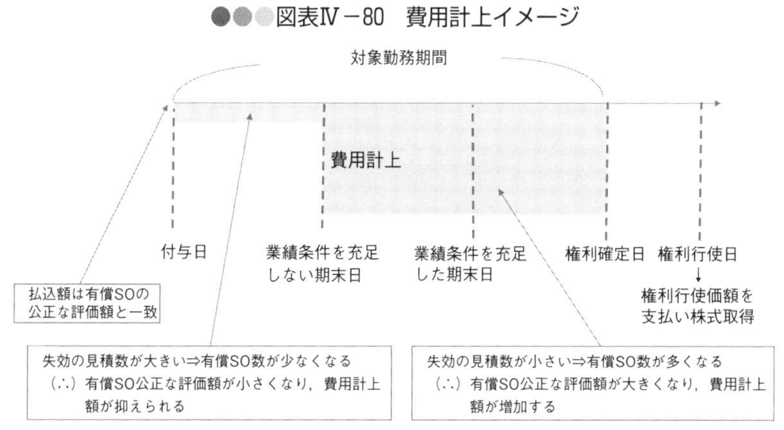

費用計上額＝有償SOの公正な評価額①－SO払込金額

①有償SOの公正な評価額＝付与時の公正な評価単価×有償SO数②

②有償SO数＝付与数－権利不確定による失効の見積数

（※）有償SO数は，業績条件が充足され，権利不確定による失効の見積数が減少するため，増加することになります。

② 権利確定前の会計処理

付与時において，通常型SOの場合と異なり，役職員からの払込みがなされるため，払込金額を貸借対照表の純資産の部に「新株予約権」として計上します（有償SO実務対応報告第5項(1)）。

また，役職員の職務執行に応じて「株式報酬費用」として計上し，対応する金額をSOの権利の行使又は失効が確定するまでの間，貸借対照表の純資産の部に「新株予約権」として計上します。当該処理は通常型SOと同様です（有償SO実務対応報告第5項(2)）。

各会計期間における費用計上額は，有償SOの公正な評価額から払込金額を差し引いた額を，対象勤務期間等に基づき算定します（有償SO実務対応報告第5項(3)）。

・有償SO付与日

現預金	××	／	新株予約権	××

・勤務対象期間の各期末日

株式報酬費用	××	／	新株予約権	××

なお，公正な評価単価の取扱い，有償SO数の取扱いについては通常型SOの場合と同様となります（有償SO実務対応報告第5項(4)～(6)）が，対象勤務期間については，権利確定条件に業績条件が付されていることから，その終点である権利確定日を判定する必要があります（有償SO実務対応報告第7項）。

●●●図表Ⅳ－81　有償SO権利確定日の判定

権利確定条件の設定方法	権利確定日
勤務条件及び業績条件が付されている場合に，いずれかの条件をみたすことにより権利が確定するケース	勤務条件及び業績条件のうち，いずれかの条件を満たした日
勤務条件及び業績条件が付されている場合に，２つの条件をみたすことにより権利が確定するケース	勤務条件及び業績条件の全ての条件を満たした日
勤務条件は付されていないが，業績条件は付されているケース	業績の達成又は達成しないことが確定する日

③　権利確定後の会計処理

権利確定後の会計処理については，通常型SOと同様です（有償SO実務対応報告第6項）。

【設例】

＜前提＞

A社（3月決算）は，×1年6月の取締役会において，以下のとおり有償SOの付与を決議し，×1年7月1日に役員から金銭が払い込まれ，役員へ有償SOを付与した。

・有償SOの数：70個（役員7人に対し@10個）
・有償SOの行使により与えられる株式数：1個につき1株
・付与日における有償SOの払込金額：7,000（※）
・権利行使条件その1（業績条件）：×4年3月期の営業利益10億円以上
・権利行使条件その2（勤務条件）：権利行使時において役員であること
・権利行使価額：2,000/株
・権利確定日：×4年3月31日
・権利行使期間：×4年4月1日から×6年6月30日
・権利行使日：×4年9月30日に役員7名全員が権利行使
・×2年3月期末，×3年3月期末において，業績条件を充足できるかについての見通しが変わらず，権利確定見込数を変更する状況の変化はない。
・×4年3月期末において，業績条件（×4年3月期の営業利益10億円）を達成することが明らかな状況となり，権利確定見込数を7個から70個へと変更する。

（※）有償SOの払込金額の算出
付与時における払込金額=付与時における有償SOの公正な評価額と考えられる。
付与時における有償SOの公正な評価額＝
　付与時の公正な評価単価(1)×権利確定見込数(2)
(1)　付与時の公正な評価単価：1,000/個
(2)　権利確定見込数：7個
　　　権利確定見込数＝有償SO付与数－見積失効数

付与日において，勤務条件について退任による失効見込はゼロ，業績条件を考慮すると権利確定が見込まれる数量を７個（見積失効数63個）とする。

特に業績条件が高いケースでは，付与時における見積失効数が大きくなり，権利確定数が少なくなる。役員のサービス提供の結果，業績条件が充足される可能性が高まると，見積失効数が小さくなり，権利確定数が増えるため，有償SOの公正な評価額も増加し，費用が増加する。

＜会計処理＞

① 付与日/払込日（×1年７月１日）の会計処理

現預金	7,000	／	新株予約権	7,000

② ×2年３月期末の会計処理

仕訳なし

（注）（公正な評価単価1,000/個×権利確定見込数７個－有償SO払込金額7,000）×（９月/33月）＝０

・付与日（×1年７月）から×２年３月末までの期間：９月

・対象勤務期間：33月（×1年７月から×4年３月）

③ ×3年３月期末の会計処理

仕訳なし

（注）（公正な評価単価1,000/個×権利確定見込数７個－有償SO払込金額7,000）×（21月/33月）＝０

・付与日（×1年７月）から×3年３月末までの期間：21月

・対象勤務期間：33月（×1年７月から×4年３月）

④ ×4年３月期末の会計処理

業績条件（×4年３月期の営業利益10億円）を達成することが明らかな状況となり，権利確定見込数を７個から70個へと変更する。

株式報酬費用	63,000	／	新株予約権	63,000

（注）（公正な評価単価1,000/個×権利確定見込数70個－有償SO払込金額7,000）×33月/33月－×3年３月末までの費用計上額０＝63,000

・付与日（×1年7月）から×4年3月末までの期間：33月

・対象勤務期間：33月（×1年7月から×4年3月）

⑤　権利行使時（×4年9月30日）の会計処理

現預金	140,000	／	資本金	210,000
新株予約権	70,000	／		

（注）有償SO権利行使による払込額…権利行使価額2,000/株×70株

増加する資本は，全て資本金として仮定する。

【年度ごとの有償SOの実績をまとめると以下となる】

	未行使数（残数）	失効数（累計）	行使数（累計）	摘要
付与時	70個	63個	0個	勤務条件及び業績条件を考慮すると，権利確定見込数は7個（見積失効数は63個）である。
×2年3月期	70個	63個	0個	付与時と状況変わらず。
×3年3月期	70個	63個	0個	付与時と状況変わらず。
×4年3月期	70個	0個	0個	×4年3月期に業績条件の充足が明らかとなったため，権利確定見込数が70個（見積失効数は0個）であることが判明した。
×4年9月	0個	0個	70個	権利行使7名（70個）

(2)　税務上の取扱い

有償SOは，公正な評価額を払込対価として新株予約権を発行することから，取得者である役職員側では有価証券を取得したにすぎません。このため，権利行使時に給与等課税事由の生じる局面がなく，発行法人側においても損金算入される金額はありません。

税務上特別な取扱いは設けられていないため，会計上の費用計上額は損金不算入になると考えられます。

なお，新株予約権が権利行使されることなく失効した場合には，失効時点における新株予約権の帳簿価額相当が益金算入され所得を構成します。

5　開示上の取扱い

(1)　有価証券報告書（金商法）における開示

有価証券報告書では，コーポーレート・ガバナンスの状況において，インセンティブ報酬制度全体について詳細に開示します。

役員報酬制度の開示は従来から行われていましたが，コーポレート・ガバナンスの実効性を高めることをねらいとして，2019年１月に「企業内容等の開示に関する内閣府令」が改正され，情報開示の拡充が行われています。

この改正は，CGコードの要請に沿った形で行われており，役員報酬が企業価値向上に向けた適切なインセンティブとして機能しているか否かを，企業外部からもチェックできるように，役員報酬制度全体の客観性，透明性を確保することを目的としたものです。

以下では，有価証券報告書における「コーポレート・ガバナンスの状況等」の「役員報酬等」について主要な記載項目の説明をいたします。

●●●図表Ⅳ－82　役員報酬等の主要な記載項目

①　役員区分ごとの報酬総額等
②　報酬額又は算定方法の決定方針
③　業績連動報酬
④　役員報酬に関する株主総会決議及び委員会等の活動内容
⑤　役員個人別の報酬等
⑥　使用人兼務役員の使用人給与

①　役員区分ごとの報酬総額等

(ⅰ)役員区分（取締役，監査役，社外役員など）ごとに報酬総額
(ⅱ)役員区分ごとの報酬の種類別の総額
　　種類別の例示…固定報酬，業績連動報酬，退職慰労金等に区分
(ⅲ)対象となる役員の員数

開示対象となる報酬とは金銭，SO，賞与，退職慰労金に限らず，職務執行の対価として会社から受ける財産上の利益（例えば金銭報酬債権等）が名称にかかわらず含まれることになります。

また報酬額は，P/L（損益計算書）の費用計上額を記載します。

②　報酬額又は算定方法の決定方針

(ⅰ)提出日現在における方針の内容，決定方法，方針を定めていない場合はその旨
(ⅱ)役職ごとの方針を定めている場合は方針の内容
(ⅲ)方針の決定権限を有する者の氏名又は名称，その権限の内容，裁量の範囲
(ⅳ)方針の決定に関与する委員会が存在する場合は，その手続の概要

報酬決定プロセスの客観性，透明性の向上を図ることを趣旨として開示が要求されています。

なお，従来見られた取締役個々人の報酬決定に関して取締役会から代表取締役に一任（いわゆる「社長一任」）した場合のプロセスや報酬委員会の関与の仕方も開示されるため，「お手盛り」に対する牽制効果も期待されます。

③　業績連動報酬

業績連動報酬が含まれている場合には，以下を記載します。
(ⅰ)業績連動報酬とそれ以外の報酬の支払割合の決定方針を定めているときは，その方針の内容
(ⅱ)当該業績連動報酬に係る指標
(ⅲ)当該指標を選択した理由
(ⅳ)当該業績連動報酬の額の決定方法
(ⅴ)最近事業年度における当該業績連動報酬に係る指標の目標，実績

業績連動報酬とは，利益の状況を示す指標や株式の市場価格の状況を示す指標等，業績を示す指標を基礎として算定される報酬等のことをいいます。

実際の報酬が報酬プログラムに沿ったものになっているか，また経営陣のインセンティブとして実際に機能しているかを確認できるようにすることを趣旨として開示が要求されています。

④　役員報酬に関する株主総会決議及び委員会等の活動内容

（ｉ）指名委員会等設置会社以外の会社において，役員の報酬等に関する株主総会の決議の有無によって以下を開示します。
■ある場合
当該決議の年月日及び決議内容
■ない場合
役員の報酬等について定款に定めている事項の内容
（ii）最近事業年度の役員の報酬等の額の決定過程における取締役会（指名委員会等設置会社の場合は報酬委員会），委員会等の活動内容

（ｉ）に関しては，過去の株主総会で役員報酬の枠取り決議をし，それ以降長期間経過しているケースが見られることに鑑みて，当該決議年月日と内容を開示し，現状に即したものになっているか否かを確認できるようにすることを趣旨として開示が要求されています。

（ii）に関しては，報酬決定プロセスの客観性，透明性のチェックの実効性を確認できるようにすることを趣旨として開示が要求されています。

⑤　役員個人別の報酬等

（ｉ）氏名
（ii）役員区分
（iii）提出会社の役員としての報酬等の
a 総額
b 連結報酬等の種類別の総額

提出会社の役員個人別に提出会社と主要な連結子会社に区分して記載します。

当該記載は連結報酬等の総額が１億円以上である者に限ることができます。

⑥　使用人兼務役員の使用人給与

使用人兼務役員の使用人給与分のうち重要なものがある場合 （ⅰ）総額 （ⅱ）対象となる役員の員数

重要性の判断基準は，使用人兼務役員について役員分の報酬等として開示された内容だけでは，会社の役員に対する職務執行の対価として交付されている財産上の利益の額が適切に判断できないような場合に重要性があると考えます。本来，役員報酬であるものを使用人給与に振り分けて開示を回避するといった恣意性排除の趣旨から開示が要求されています。

⑵　事業報告（会社法）における開示

公開会社の事業報告においては，会社役員に支払った報酬その他職務執行の対価である報酬等の額を①業績連動報酬等，②非金銭報酬等，③それら以外の報酬等の種類別に，かつ，取締役，会計参与及び監査役（監査等委員会設置会社の場合は監査等委員である取締役以外の取締役及び監査等委員である取締役並びに会計参与，指名委員会等設置会社の場合は，取締役及び執行役並びに会計参与）ごとに区分して，それぞれの総額と員数を記載することとなっています。

開示対象となる報酬は，金銭，SO，賞与，退職慰労金に限らず，職務執行の対価として会社から受ける財産上の利益が名称にかかわらず含まれることになります。例えば株式報酬であれば会計基準において当該事業年度において費用計上されるものが報酬に相当する額として記載が求められます。

また，役員報酬に関する下記事項について記載が求められます。

開示事項	制度趣旨	想定内容
報酬等の決定方針に関する事項	取締役の報酬等の内容が取締役に対し適切なインセンティブを付与するものとなっているかどうかを確認するためには，報酬等の決定方針を株主に説明する必要があると考えられるため	①決定方針の決定の方法 ②決定方針の内容の概要 ③当該事業年度に係る取締役の報酬等の内容が決定方針に沿うものであると取締役会が判断した理由　等
報酬等についての株主総会の決議に関する事項	株主総会決議によって定められた取締役報酬総額の最高限度額を長期間にわたり変更していない場合の対応及びお手盛り防止	①株主総会における報酬決議の日 ②当該決議の内容 ③当該決議に係る取締役の員数
取締役会の決議による報酬等の決定の委任に関する事項	取締役会による各取締役の報酬等の内容に係る決定を代表取締役等への再一任している場合などにおける合理性を株主に示す必要があるため	①再一任している旨 ②再一任の相手方 ③再一任している事項
業績連動報酬等に関する事項	業績連動報酬等の内容がインセンティブとして機能するか，意図した業績の達成状況と付与される具体的な報酬等の内容を株主に示す必要があるため	①業績連動報酬等が金銭でないときは，その内容 ②業績連動報酬等の額又は数の算定の基礎として選定した株式会社の業績を示す指標の内容及び当該指標を選定した理由 ③業績連動報酬等の額又は数の算定方法 ④業績連動報酬等の額又は数の算定の基礎となる指標の数値
職務執行の対価として株式会社が交付した株式又は新株予約権等に関する事項	現行の新株予約権に関する内容説明を株式へも拡充する必要があるため	①交付した株式や新株予約権の内容の概要 ②保有状況　等
報酬等の種類ごとの総額	株主が，取締役の報酬等が取締役に対して職務を執行するインセンティブ付与の手段として適切に機能しているかを把握する上で，報酬等の種類の内訳は重要な情報であるため	基本報酬，業績連動報酬，株式報酬，金銭報酬　等

開示例

（1）当事業年度に係る役員の報酬等の総額等

区分	支給人数	報酬等の種類別の額			計	摘要
		基本報酬	業績連動報酬等	非金銭報酬等		
取締役	人	円	円	円	円	
監査役	人	円	円	円	円	
計	人	円	円	円	円	

注1　上記業績連動報酬等の額には，第××回定時株主総会において決議予定の役員賞与○○円（取締役××円，監査役△△円）を含めております。

注2　上記のほか当事業年度に退任した取締役○名に対し，業績連動報酬と非金銭報酬等以外の報酬である退職慰労金○○円を支給しております。

注3　上記業績連動報酬は，××（業績連動報酬等に関する事項を記載）

注4　上記非金銭報酬等は，××（非金銭報酬等に関する事項を記載）

（2）取締役及び監査役の報酬等についての株主総会の決議に関する事項

（3）取締役の個人別の報酬等の内容に係る決定方針に関する事項

（4）取締役の個人別の報酬等の決定に係る委任に関する事項

【編者紹介】

あいわ税理士法人

2002年11月，藍和共同事務所を母体として設立された税理士法人。多くの公認会計士・税理士を擁し，会計・税務コンサルティングをはじめ，株式公開支援，事業承継・相続コンサルティングやM&Aアドバイザリーサービス，組織再編・グループ通算制度の支援サービスなどを提供している。また，各種セミナーの開催・専門誌への情報提供なども積極的に行っている。

代表社員　杉山 康弘

（東京オフィス）
〒108-0075
東京都港区港南二丁目５番３号　オリックス品川ビル４F
TEL　03-5715-3316　FAX　03-5715-3318
URL　http://www.aiwa-tax.or.jp/
E-mail　info@aiwa-tax.or.jp
（大阪オフィス）
〒541-0053
大阪府大阪市中央区本町四丁目５番18号　本町YSビル７F
TEL　06-6262-2036　FAX　06-6262-2037

【執筆者一覧】

杉山 康弘

代表社員　税理士

大手会計事務所を経て，2005年あいわ税理士法人入所。2015年代表社員就任。
上場企業・上場準備企業への資本政策アドバイザリー業務や各種上場準備支援業務に多数関与するほか，Ｍ＆Ａ・組織再編やグループ通算制度，海外進出企業への税務コンサルティング業務や相続・事業承継コンサルティング業務に多数従事。

青木 喜彦

パートナー　税理士

税理士法人山田＆パートナーズ，KPMG税理士法人などを経て，現職に就く。
ストックオプションやインセンティブ報酬に係るアドバイザリー業務及び執筆業務に従事する他，M&A・組織再編・事業承継に係るストラクチャーの立案実行支援，税務デューディリジェンス，税務意見書の作成，グループ通算制度，相続税務に多数従事。

中島 恵子

パートナー　税理士

個人会計事務所，国内大手税理士法人を経て，2005年あいわ税理士法人に入所。
上場準備企業への資本政策立案や上場支援業務に多数従事し，企業の発展のためにオールラウンドプレーヤーとして幅広いサービス提供を行っている。
株式報酬制度に関するセミナー講師実績多数あり。

山口 広志

シニアマネージャー　公認会計士

大手監査法人を経て，2010年あいわ税理士法人入所。インセンティブ報酬に係る会計・情報開示支援業務に従事する他，上場企業グループの会計アドバイザリー業務，上場準備企業の上場準備支援業務，連結会計，組織再編に係る会計助言業務，財務デューディリジェンスなど，会計全般に関するサービス提供に関与。

釜本 啓二

マネージャー　税理士

大手不動産会社，税理士法人勤務を経て2019年あいわ税理士法人に入所。オーナー企業の相続対策業務から上場企業の税務アドバイス業務まで幅広く従事するほか，近年ではインセンティブ報酬制度に係る税務コンサルティング業務に従事。

業績連動・株式報酬制度を導入したい！
と思ったとき最初に読む本（第2版）

2020年6月1日　第1版第1刷発行
2021年4月25日　第1版第2刷発行
2023年5月10日　第2版第1刷発行

編　者　あいわ税理士法人
発行者　山　本　　　継
発行所　㈱　中　央　経　済　社
発売元　㈱中央経済グループ
パブリッシング
〒101-0051　東京都千代田区神田神保町1-35
電　話　03（3293）3371（編集代表）
03（3293）3381（営業代表）
https://www.chuokeizai.co.jp
製版／三英グラフィック・アーツ㈱
印刷／三　英　印　刷　㈱
製本／㈲　井　上　製　本　所

ISBN978-4-502-46081-4　C3034